BESTACTIVITYBOOKS.COM

ERSTE AUSGABE - Veröffentlicht 2022

Extra Grafikmaterial von: www.freepik.com
Dank an: Alekksall, Starline, Pch.vector, Rawpixel.com, Vectorpocket, Dgim-studio, Upklyak, Macrovector, Stockgiu, Pikisuperstar & Freepik.com Designers

5 TIPPS FÜR DEN ANFANG!

1) LÖSUNG DER RÄTSEL

Die Puzzles haben ein klassisches Format :

- Die Wörter sind ohne Abstand, Bindetrich usw... versteckt
- Richtung : vor-& rückwärts, auf & ab oder in der Diagonale (beider Richtungen)
- Die Wörter können übereinanderliegen oder sich kreuzen

2) AKTIVES LERNEN

Neben jedem Wort ist ein Abstand vorgesehen zum Aufschreiben der Übersetzung. Um ihre Kenntnisse zu überprüfen und zu erweitern befindet sich am Ende des Buches ein **WÖRTERBUCH**. Suchen sie die Übersetzungen, schreiben sie sie auf, dann können sie sie in den. Puzzles suchen und ihrem Wortschatz hinzufügen.

3) ANZEICHNUNG DER WÖRTER

Haben sie schon einmal versucht eine Anzeichnung zu verwenden? Sie könnten zum Beispiel die Wörter, die schwer zu finden sind, ankreuzen, die Wörter, die sie lieben, mit einem Stern, neue Wörter mit einem Dreieck, seltene Wörter mit einem Diamant usw ... anzeichnen

4) IHR LERNEN ORGANISIEREN

Am Ende dieser Ausgabe bieten wir auch ein praktisches **NOTIZBUCH** an. Ob im Urlaub, auf Reisen oder zu Hause, sie können ihr neues Wissen ganz einfach organisieren, ohne ein zweites Notizbuch zu benötigen!

5) SIND SIE AM SCHLUSS ?

Gehen sie zum Bonusbereich : **MONSTER-HERAUSFÖRDERUNG,** um ein kostenloses Spiel zu finden, das am Ende dieser Ausgabe angeboten wird !

Lust auf mehr Spaß und **Lernaktivitäten**? **Schnell und einfach :** eine ganze Spielbuchsammlung mit einem einzigen Klick erhaltbar :

Mit diesem Link finden sie ihre nächste Herausforderung :

BestActivityBooks.com/MeineNachsteWortsuche

Achtung, fertig, ... Los !!

Wussten sie, dass es auf der Welt ungefähr 7.000 verschiedene Sprachen gibt ? Wörter sind kostbar.

Wie lieben Sprachen und haben schwer daran gearbeitet, die Bücher von höchster Qualität für sie zu entwerfen. Unsere Zutaten ?

Eine Auswahl von angepassten Lernthemen, drei große Scheiben Spaß, dann fügen wir einen Löffel schwieriger Wörter und eine Prise seltener Wörter hinzu. Wir servieren sie mit Sorgfalt und ein Maximum an Freude, damit sie die besten Wortspiele lösen und Spaß am Lernen haben.

Ihre Meinung ist wichtig. Sie können aktiv zum Erfolg dieses Buches beitragen, indem sie uns eine Bemerkung hinterlassen. Sagen sie uns, was ihnen an dieser Ausgabe am besten gefallen hat !!

Hier ist ein kurzer Link, der sie zu ihrer Bewertungsseite führt

BestBooksActivity.com/Rezension50

Vielen Dank für ihre Hilfe und viel Spaß

Linguas Classics

1 - Gesundheit und Wellness #2

G	Ł	W	K	J	E	S	J	T	S	V	S	E	N	V	Y
E	A	G	A	W	V	I	P	O	X	H	W	E	R	K	P
N	L	R	B	X	A	I	M	O	T	A	N	A	R	K	X
E	E	Y	W	O	R	D	Z	L	R	K	I	I	I	T	J
T	R	Z	Ł	P	A	N	I	M	A	T	I	W	Y	W	S
Y	G	Y	X	U	W	B	T	B	F	D	Y	K	T	L	O
K	I	K	L	F	L	Z	Y	V	G	Ł	Ł	Z	Y	L	V
A	A	A	E	N	C	H	O	R	O	B	A	H	N	V	P
A	I	S	Z	P	I	T	A	L	K	K	T	U	N	P	R
K	Z	G	S	Y	W	Y	B	Q	A	P	E	T	Y	T	A
N	J	Z	R	L	L	V	R	C	M	J	I	Z	G	U	N
A	J	C	K	E	F	N	I	C	A	Z	D	U	K	Ł	Z
V	J	I	V	T	N	A	W	M	S	S	G	P	V	G	Z
N	V	Q	L	H	N	E	Ł	H	A	I	R	O	L	A	K
H	I	G	I	E	N	A	F	J	Ż	Ł	X	U	I	S	C
X	K	R	W	Q	N	A	Q	P	Z	R	S	X	D	G	Z

ALERGIA
ANATOMIA
APETYT
KREW
DIETA
ENERGIA
GENETYKA
ZDROWY
WAGA
HIGIENA
INFEKCJA
KALORIA
SZPITAL
CHOROBA
MASAŻ
RYZYKA
SEN
SPORTY
STRES
WITAMINA

2 - Ozean

V	T	O	Y	S	M	R	T	N	I	K	E	R	T	B	A
B	B	U	A	M	Q	E	P	Q	Z	R	O	G	Ę	W	M
E	S	G	Ą	B	K	A	Ł	M	U	E	J	F	M	Ł	E
B	U	R	Z	A	Ł	N	Y	S	O	W	V	S	T	Ó	D
Ł	P	W	E	E	A	U	W	J	J	E	Y	Y	Z	Ż	U
A	Ł	V	R	Y	U	M	Y	D	R	T	K	N	Z	T	Z
F	Ó	P	Y	J	Ł	N	K	Z	E	K	B	S	A	D	A
S	D	E	B	G	D	S	L	Ł	L	A	R	O	K	E	G
G	Ź	B	A	Y	I	H	Y	P	G	Ó	G	L	N	L	Y
G	N	E	F	A	L	E	I	F	F	X	S	G	V	F	R
R	R	R	H	E	X	G	D	P	K	K	E	P	K	I	T
A	A	U	E	Q	U	T	L	U	U	J	F	I	O	N	S
F	E	U	G	R	W	A	C	I	N	R	O	I	M	Ś	O
A	I	K	R	A	B	A	N	W	X	Q	K	A	E	Y	D
Ł	Ł	J	F	A	I	T	U	T	U	Ń	C	Z	Y	K	Q
Z	K	N	L	W	I	E	L	O	R	Y	B	U	Y	V	O

WĘGORZ
OSTRYGA
ŁÓDŹ
DELFIN
RYBA
KREWETKA
PŁYWY
REKIN
KORAL
KRAB
OŚMIORNICA
MEDUZA
RAFA
SÓL
ŻÓŁW
GĄBKA
BURZA
TUŃCZYK
WIELORYB
FALE

3 - Krankheit

H	B	D	A	G	M	B	C	U	D	Ł	M	Y	S	O	X
Q	R	B	J	L	E	A	A	I	R	B	W	M	E	D	O
Z	Z	X	A	N	E	N	Y	B	A	Ł	S	Q	R	P	E
Z	U	A	I	P	A	R	E	T	E	Ł	Ł	Y	C	O	Z
E	S	S	T	I	E	E	G	T	A	R	O	N	E	R	D
S	Z	I	A	X	N	A	H	I	Y	E	Y	Z	W	N	R
P	N	X	P	Z	A	T	O	K	E	C	N	C	Y	O	O
Ó	Y	R	O	X	K	B	H	L	U	L	Z	I	N	Ś	W
Ł	I	R	R	M	O	R	A	N	W	J	C	N	J	Ć	I
J	H	C	U	M	Ś	M	J	T	E	O	I	O	Y	K	E
S	H	Ł	E	U	C	L	J	P	L	X	Z	R	R	K	U
E	C	D	N	R	I	I	A	T	L	V	D	H	E	G	S
Z	A	P	A	L	E	N	I	E	N	X	E	C	T	H	D
Z	A	R	A	Ź	L	I	W	Y	E	K	I	L	K	Z	G
O	D	D	E	C	H	O	W	Y	S	T	Z	M	A	X	U
K	O	T	A	D	Z	V	V	N	S	A	D	G	B	N	E

BRZUSZNY
ALERGIE
ZARAŹLIWY
ODDECHOWY
BAKTERYJNY
CHRONICZNY
ZAPALENIE
DZIEDZICZNY
GENETYCZNY
ZDROWIE
SERCE
ODPORNOŚĆ
KOŚCI
CIAŁO
NEUROPATIA
SŁABY
ZATOK
ZESPÓŁ
TERAPIA
WELLNESS

4 - Meditation

P	W	T	Z	B	J	S	N	A	U	K	I	S	S	X	U
R	D	X	A	P	R	X	P	K	U	R	U	J	F	C	W
Z	Z	N	A	T	U	R	A	O	U	W	A	Y	N	P	F
E	I	B	R	M	I	A	B	G	K	G	A	Z	S	I	C
J	Ę	V	Y	U	E	K	E	J	N	Ó	H	G	I	W	P
R	C	I	A	O	C	M	Y	Ś	L	I	J	K	A	S	S
Z	Z	G	T	M	E	H	O	Z	U	H	L	C	S	P	Y
Y	N	P	E	R	S	P	E	K	T	Y	W	A	Z	Ó	C
S	O	M	C	G	B	F	S	Y	H	M	X	K	C	Ł	H
T	Ś	O	D	D	E	C	H	O	W	Y	I	Y	Z	C	I
O	Ć	U	M	Y	S	Ł	V	P	W	Ł	G	Z	Ę	Z	C
Ś	R	X	O	F	W	D	R	O	X	I	M	U	Ś	U	Z
Ć	I	Z	D	U	B	O	A	K	V	B	J	M	C	C	N
Y	B	W	U	Ł	V	F	J	Ó	A	M	N	P	I	I	Y
O	B	K	N	E	I	C	Ę	J	Y	Z	R	P	E	E	G
Ż	Y	C	Z	L	I	W	O	Ś	Ć	X	N	J	B	I	G

PRZYJĘCIE
ODDECHOWY
UWAGA
RUCH
WDZIĘCZNOŚĆ
ŻYCZLIWOŚĆ
POKÓJ
MYŚLI
PSYCHICZNY
SZCZĘŚCIE

PRZEJRZYSTOŚĆ
NAUKI
WSPÓŁCZUCIE
MUZYKA
NATURA
PERSPEKTYWA
SPOKÓJ
CISZA
UMYSŁ
OBUDZIĆ

5 - Archäologie

P	M	D	P	G	M	C	N	G	Ś	B	A	N	Q	D	U
S	O	X	O	C	D	E	I	R	W	A	J	L	K	C	P
N	T	T	A	N	K	L	E	O	I	D	O	J	O	G	M
K	K	A	O	H	K	T	Z	B	Ą	A	F	N	Ś	W	A
Q	I	N	R	M	Y	C	N	O	T	C	Ł	F	C	Ł	O
V	L	E	G	O	E	Q	A	W	Y	Z	L	Ł	I	R	P
B	E	C	Q	Z	Ż	K	N	I	N	S	N	H	A	O	I
E	R	O	T	Y	J	Y	Y	E	I	T	L	G	E	P	O
E	K	L	Ł	X	R	D	T	C	A	Z	I	L	A	N	A
O	P	S	Ó	X	X	E	B	N	E	W	K	J	Q	I	K
M	R	N	P	D	J	V	W	S	Y	J	C	X	S	Z	D
C	A	C	S	E	Q	H	P	R	O	F	E	S	O	R	A
K	G	L	E	Q	R	U	Ł	O	A	N	T	Y	K	E	G
F	H	R	Z	U	Y	T	K	E	I	B	O	V	E	R	A
Z	A	P	O	M	N	I	A	N	Y	D	Y	A	I	A	Z
S	K	A	M	I	E	N	I	A	Ł	O	Ś	Ć	H	Ł	N

ANALIZA
ANTYK
OCENA
ERA
EKSPERT
BADACZ
SKAMIENIAŁOŚĆ
ZAGADKA
GROBOWIEC
KOŚCI
ZESPÓŁ
POTOMEK
OBIEKTY
PROFESOR
RELIKT
ŚWIĄTYNIA
NIEZNANY
STAROŻYTNY
ZAPOMNIANY

6 - Insekten

K	A	E	T	B	J	D	A	C	K	L	Y	R	F	Z	U
A	A	S	O	J	P	W	Z	H	O	P	R	C	U	Z	P
B	Ł	R	W	C	B	E	X	R	N	U	R	O	O	L	N
O	O	W	A	P	C	U	I	Z	I	G	V	W	M	K	W
R	Z	B	C	L	G	Y	X	Ą	K	Ł	U	A	O	B	O
U	C	X	Y	P	U	I	Ł	S	P	Z	M	Ż	D	Q	V
L	Z	A	Z	W	C	C	L	Z	O	G	O	K	L	Ł	O
R	S	F	S	T	R	H	H	C	L	Ń	T	A	I	N	K
V	P	A	M	I	O	E	Ł	Z	N	E	Y	Z	S	R	O
G	M	Y	Ł	M	F	H	A	A	Y	Z	L	Ł	Z	C	M
B	I	E	D	R	O	N	K	A	L	S	D	N	K	Y	A
Ć	C	E	I	E	I	S	W	L	A	R	W	A	A	K	R
C	M	R	R	T	X	F	Ó	U	F	E	G	G	X	A	F
P	X	A	U	S	V	P	R	Q	S	Z	Y	W	L	D	H
M	E	G	D	P	X	U	M	L	U	S	P	W	C	A	T
B	M	N	U	T	X	N	N	V	E	L	P	G	N	I	P

MRÓWKA
PSZCZOŁA
MSZYCA
PCHŁA
MODLISZKA
KONIK POLNY
SZERSZEŃ
KARALUCH
CHRZĄSZCZ
LARWA
WAŻKA
BIEDRONKA
ĆMA
KOMAR
MOTYL
TERMIT
OSA
ROBAK
CYKADA

7 - Gesundheit und Wellness #1

T	R	Y	U	I	G	E	X	L	A	N	H	Ł	G	D	T
K	L	I	N	I	K	A	Q	C	E	F	V	H	K	Y	Y
K	O	Ś	C	I	B	L	R	R	S	K	A	L	E	R	W
K	F	G	B	D	I	N	Ł	Z	Ł	H	A	O	A	W	R
F	I	L	O	C	F	Z	F	A	Ł	P	R	R	W	Y	E
B	A	K	T	E	R	I	A	I	O	G	Ó	T	Z	S	N
X	X	H	G	W	A	K	E	T	P	A	K	E	L	O	A
R	Ł	C	C	I	K	N	M	P	L	B	S	R	X	K	W
O	V	P	A	R	T	N	Y	E	B	Ł	Y	A	A	O	Y
M	N	E	G	U	Y	B	N	C	D	Ł	W	P	Z	Ś	K
G	Ł	Ó	D	S	W	I	O	X	Y	Y	F	I	U	Ć	L
I	E	K	Z	T	N	Y	M	T	Y	D	C	A	J	O	A
A	S	A	B	O	Y	P	R	E	I	N	E	Z	C	E	L
E	A	U	F	R	S	I	O	U	H	V	F	M	N	G	K
O	Q	Ł	I	Q	I	H	H	C	U	R	D	O	Ł	Y	A
G	I	P	R	X	Z	Ł	A	M	A	N	I	E	N	K	Ł

AKTYWNY
APTEKA
LEKARZ
BAKTERIA
LECZENIE
RELAKS
ZŁAMANIE
NAWYK
SKÓRA
HORMONY
WYSOKOŚĆ
GŁÓD
KLINIKA
KOŚCI
MEDYCYNA
MEDYCZNY
NERWY
ODRUCH
TERAPIA
WIRUS

8 - Obst

J	M	E	L	O	N	Ś	Q	Y	Ł	B	G	W	K	N	G
N	A	N	A	B	A	L	Z	H	Z	K	H	I	D	M	Y
A	N	G	R	Ł	T	I	S	F	A	P	R	Ś	M	Ł	S
W	I	S	O	K	M	W	B	G	F	L	U	N	P	X	R
O	L	O	K	D	A	K	Z	S	U	R	G	I	J	X	Y
K	A	U	Ł	E	A	A	Ł	X	I	S	T	A	V	A	O
A	M	V	B	V	I	L	W	I	N	O	G	R	O	N	O
D	M	Y	A	I	N	R	E	U	Ł	K	I	A	Y	Y	J
O	H	Y	J	I	I	T	C	R	T	O	O	V	B	Ż	V
K	I	W	I	Q	W	U	T	A	O	K	E	A	I	E	M
P	I	V	T	Z	K	M	S	B	Z	M	A	N	A	J	L
Y	H	G	A	Ł	S	P	A	P	A	J	A	Y	I	J	I
N	S	G	G	E	O	D	N	R	D	I	W	R	Z	X	Ł
W	H	W	Z	B	Z	O	A	N	Y	R	A	T	K	E	N
U	O	E	R	M	R	C	N	Z	O	X	C	Y	U	S	R
O	O	F	F	V	B	T	A	T	S	C	M	C	W	P	Z

ANANAS
JABŁKO
MORELA
AWOKADO
BANAN
JAGODA
GRUSZKA
JEŻYNA
MALINA
WIŚNIA
KIWI
KOKOS
MELON
NEKTARYNA
PAPAJA
BRZOSKWINIA
ŚLIWKA
WINOGRONO
CYTRYNA

9 - Universum

A	S	T	R	O	N	O	M	W	U	I	T	B	D	A	L
V	V	U	M	P	T	K	C	S	I	N	I	E	B	O	E
C	I	E	M	N	O	Ś	Ć	Ł	G	D	F	N	V	R	B
A	K	R	Z	M	M	Ł	G	O	A	P	O	A	N	L	I
T	S	C	Ó	C	V	V	I	N	L	W	A	C	K	E	Q
I	Ń	T	N	W	U	K	V	E	A	K	S	K	Z	I	W
B	A	X	R	P	N	A	X	C	K	L	T	K	K	N	W
R	I	X	N	O	N	I	S	Z	T	H	E	N	O	E	Y
O	B	U	B	K	N	D	K	N	Y	O	R	B	S	L	K
L	E	S	S	S	B	O	I	Y	K	R	O	P	M	I	S
U	I	H	Y	E	Q	Z	M	X	A	Y	I	Ó	I	S	I
W	N	K	P	L	B	R	K	I	U	Z	D	Ł	C	E	Ę
U	B	U	Z	E	U	L	C	L	A	O	A	K	Z	Z	Ż
H	S	O	F	T	O	Q	N	O	M	N	P	U	N	R	Y
A	T	M	O	S	F	E	R	A	B	T	E	L	Y	P	C
R	Y	N	C	W	U	V	K	J	Q	X	M	A	Q	G	F

ASTEROIDA
ASTRONOM
ASTRONOMIA
ATMOSFERA
EON
RÓWNIK
CIEMNOŚĆ
GALAKTYKA
PÓŁKULA
NIEBO
NIEBIAŃSKI
HORYZONT
KOSMICZNY
KSIĘŻYC
ORBITA
WIDOCZNY
SŁONECZNY
PRZESILENIE
TELESKOP
ZODIAK

10 - Camping

O	Y	M	O	G	I	E	Ń	P	B	K	Q	H	F	R	L
I	E	O	A	F	A	E	M	O	P	A	J	N	P	T	W
L	M	D	S	P	H	M	D	L	I	B	W	Q	O	X	O
H	K	B	T	S	A	P	M	O	K	I	Y	F	N	H	T
A	Z	O	L	H	O	N	R	W	E	N	P	H	F	Z	H
M	M	Z	K	A	Y	E	D	A	P	A	C	I	P	G	D
A	J	N	J	D	T	Z	W	N	K	S	I	Ę	Ż	Y	C
K	F	A	L	O	Ą	A	P	I	L	A	F	Z	Ł	I	N
A	L	M	O	G	Z	S	R	E	J	L	Y	Y	F	I	L
J	I	I	Ł	Y	R	J	N	N	P	Q	E	F	H	O	C
A	N	O	T	Z	E	F	U	M	I	Z	A	B	A	W	A
K	A	T	E	R	I	C	B	S	S	A	P	F	V	E	Q
G	L	G	Z	P	W	P	S	F	M	S	E	F	O	B	D
H	Ó	N	X	J	Z	S	U	L	E	P	A	K	W	S	M
R	O	R	O	I	Z	E	J	R	R	N	G	J	A	L	E
V	A	N	A	N	A	T	U	R	A	Y	E	Ł	D	R	K

PRZYGODA
GÓRA
OGIEŃ
HAMAK
KAPELUSZ
OWAD
POLOWANIE
KABINA
KAJAK
MAPA
KOMPAS
LATARNIA
KSIĘŻYC
NATURA
JEZIORO
LINA
ZABAWA
ZWIERZĄT
LAS
NAMIOT

11 - Zeit

Y	Ł	P	R	Z	Y	S	Z	Ł	O	Ś	Ć	Q	V	C	L
P	Q	L	W	V	D	C	P	Ł	Z	S	Z	D	Z	O	S
T	M	K	Q	M	T	O	T	C	F	D	R	M	Q	U	A
V	G	Q	U	I	P	D	E	I	C	E	L	U	T	S	X
Z	B	M	D	N	Q	F	R	R	O	C	Z	N	E	C	T
R	O	K	Z	U	D	J	A	I	S	I	Z	D	O	Ą	T
I	F	V	I	T	A	S	Z	P	O	Ł	U	D	N	I	E
C	W	T	E	A	S	A	P	M	W	N	W	P	T	S	S
P	Y	Z	Ń	I	A	A	N	T	C	O	A	W	S	E	Y
Q	R	T	Y	D	Z	I	E	Ń	Z	V	H	R	Y	I	G
R	N	Z	M	P	D	Z	R	X	O	T	R	C	H	M	K
L	K	O	E	S	E	E	S	M	R	O	H	K	A	S	X
Ł	C	J	C	D	K	G	N	B	A	C	V	F	B	T	H
G	V	F	O	D	A	A	Z	W	J	Z	C	S	K	F	Z
O	Y	Z	L	P	D	R	G	O	D	Z	I	N	A	M	A
W	W	I	C	O	A	K	A	L	E	N	D	A	R	Z	M

WCZORAJ
DZISIAJ
ROK
STULECIE
DEKADA
ROCZNE
TERAZ
KALENDARZ
MINUTA
POŁUDNIE

MIESIĄC
RANO
PO
NOC
GODZINA
DZIEŃ
ZEGAR
PRZED
TYDZIEŃ
PRZYSZŁOŚĆ

12 - Säugetiere

P	W	M	K	A	N	G	U	R	G	X	X	X	M	B	S
M	A	F	A	R	Y	Ż	L	L	O	C	I	R	A	Y	Z
F	R	N	B	Ó	B	R	A	C	R	K	I	W	Ł	K	C
J	B	R	T	Z	Z	P	V	Ł	Y	L	O	U	P	N	Z
G	E	C	A	E	Ł	I	T	Ł	L	I	Y	Ń	A	Z	U
A	Z	M	B	Y	R	O	L	E	I	W	F	Ł	O	E	R
P	Ł	U	L	B	G	A	W	A	Y	P	Ź	M	U	Ł	R
K	U	S	E	I	P	K	O	A	W	N	D	Ł	B	G	S
Q	Z	I	W	Z	M	O	C	O	W	C	E	M	Ł	Z	Y
M	Y	L	H	Y	Ł	J	T	J	W	O	I	B	I	I	R
H	I	B	M	S	K	O	M	M	X	G	W	Ł	W	G	G
J	R	I	Y	K	V	T	O	V	T	D	Ź	B	X	F	Y
A	Ł	M	G	M	C	I	T	Y	H	E	D	W	F	Ł	T
V	U	A	Q	R	Ł	L	K	I	H	X	E	X	U	F	I
Ł	Z	D	G	B	Ł	N	D	G	I	W	I	S	J	Ł	B
U	D	C	H	O	N	C	A	L	H	T	N	F	Z	T	R

MAŁPA
NIEDŹWIEDŹ
BÓBR
SŁOŃ
LIS
ŻYRAFA
GORYL
PIES
KANGUR
KOJOT
LEW
PANTERA
KOŃ
SZCZUR
OWCE
BYK
TYGRYS
WIELORYB
WILK
ZEBRA

13 - Algebra

O	U	R	E	M	U	N	Z	R	R	R	M	E	D	A	C
X	P	O	H	O	R	E	Z	J	K	N	T	I	O	R	S
V	R	Z	D	S	D	F	R	A	K	C	J	A	C	O	X
N	O	W	U	Z	V	E	P	K	U	S	Ł	Q	N	H	Ł
J	Ś	I	X	A	C	M	J	H	O	T	J	Y	S	P	B
V	C	Ą	S	U	M	A	R	M	A	R	G	A	I	D	N
K	I	Z	O	G	Z	O	S	Ó	O	A	S	V	Ł	I	T
M	Ć	A	Ł	U	M	R	O	F	W	W	D	O	A	E	R
E	M	N	A	K	I	W	T	J	C	N	A	L	Y	V	O
L	K	I	N	D	A	Ł	K	Y	W	E	A	N	M	I	Z
B	I	E	N	C	S	B	E	R	O	J	P	N	I	Ł	W
O	N	N	E	Ć	M	A	T	R	Y	C	A	R	I	E	I
R	N	S	I	Ś	U	E	A	E	O	Ł	N	K	B	E	Ą
P	Y	E	M	O	L	A	T	K	T	G	U	O	E	O	Z
N	Z	B	Z	L	W	C	G	S	E	O	C	D	N	X	A
L	C	U	C	I	Q	Y	F	A	Ł	S	Z	Y	W	E	Ć

FRAKCJA
DIAGRAM
WYKŁADNIK
CZYNNIK
FAŁSZYWE
FORMUŁA
RÓWNANIE
LINIOWY
ROZWIĄZAĆ
ROZWIĄZANIE
MATRYCA
ILOŚĆ
ZERO
NUMER
PROBLEM
ODEJMOWANIE
SUMA
ZMIENNA
UPROŚCIĆ

14 - Philanthropie

I	S	Ś	U	O	U	Ć	A	W	O	R	A	D	O	P	D
Z	E	Ł	W	C	L	N	F	I	N	A	N	S	E	U	O
B	K	Ą	P	I	Z	Ć	Ś	O	N	J	O	H	Z	B	B
C	K	C	R	D	A	C	L	W	H	S	B	J	S	L	R
E	L	Z	O	B	P	T	I	C	E	I	Z	D	U	I	O
L	U	N	G	F	Z	Ć	O	W	K	M	O	I	D	C	C
E	D	O	R	I	I	Ś	G	W	O	J	R	X	N	Z	Z
P	Z	Ś	A	R	L	O	H	R	Y	Ś	I	D	U	N	Y
O	K	Ć	M	K	Q	N	A	H	U	E	Ć	Z	F	Y	N
T	O	Q	Y	V	G	Z	A	K	M	P	E	X	V	Q	N
R	Ś	J	B	R	M	C	A	H	O	L	Y	W	V	C	O
Z	Ć	Y	O	Ł	A	E	M	Ł	O	D	Z	I	E	Ż	Ś
E	I	Z	D	U	L	Ł	R	Q	L	E	J	T	I	E	Ć
B	M	H	I	S	T	O	R	I	A	X	I	F	Ł	H	B
A	B	X	R	D	Y	P	G	N	Y	Q	C	T	X	Ł	M
S	L	Y	O	D	H	S	G	Ł	S	I	O	H	M	Ł	P

POTRZEBA
UCZCIWOŚĆ
FINANSE
SPOŁECZNOŚĆ
HISTORIA
ŚWIATOWY
HOJNOŚĆ
GRUPY
MŁODZIEŻ
DZIECI
ŁĄCZNOŚĆ
LUDZIE
LUDZKOŚĆ
MISJA
FUNDUSZE
DOBROCZYNNOŚĆ
PUBLICZNY
PROGRAMY
PODAROWAĆ
CELE

15 - Diplomatie

A	D	A	S	A	B	M	A	X	A	D	K	U	Z	L	S
G	H	Y	Z	A	G	R	A	N	I	C	Z	N	Y	B	P
P	W	P	P	E	A	M	B	A	S	A	D	O	R	C	O
H	I	K	S	L	E	T	A	W	Y	B	O	B	V	G	Ł
A	L	P	W	E	O	R	Z	Ą	D	M	D	E	F	E	E
M	E	V	J	T	D	M	Z	L	S	X	P	E	C	Q	C
V	Z	I	H	A	Z	P	A	K	Y	T	I	L	O	P	Z
G	F	K	L	W	G	T	K	T	H	J	G	K	U	V	N
K	X	Q	B	Y	F	A	Y	F	Y	J	M	S	N	X	O
D	O	F	K	B	W	V	T	N	L	C	M	R	S	X	Ś
X	O	N	M	O	C	Z	E	A	R	O	Z	L	L	B	Ć
O	L	R	F	D	Y	S	K	U	S	J	A	N	P	M	T
L	A	Q	A	L	J	Ę	Z	Y	K	I	O	X	Y	W	F
N	Q	C	Q	D	I	U	C	Z	C	I	W	O	Ś	Ć	F
W	S	W	I	U	C	K	R	E	Z	O	L	U	C	J	A
Ł	D	D	R	L	T	A	T	K	A	R	T	H	D	K	T

REZOLUCJA
ZAGRANICZNY
DORADCA
AMBASADA
AMBASADOR
OBYWATELE
DYPLOMATYCZNY
DYSKUSJA
ETYKA
SPOŁECZNOŚĆ
UCZCIWOŚĆ
KONFLIKT
POLITYKA
RZĄD
JĘZYKI
OBYWATELSKI
TRAKTAT

16 - Astronomie

R	S	O	M	G	Ł	A	W	I	C	A	N	A	O	P	O
A	A	B	A	Q	O	Q	L	T	K	A	I	D	O	Z	V
K	T	S	O	M	S	O	K	X	Ł	T	E	I	Z	H	W
I	E	E	M	E	T	E	O	R	K	E	B	O	I	U	X
E	L	R	Y	A	Q	C	M	B	Z	N	O	R	E	F	L
T	I	W	A	J	I	Y	J	B	T	A	T	E	M	O	K
A	T	A	N	C	A	Ż	R	I	V	L	K	T	I	U	M
G	A	T	X	A	E	Ę	C	M	G	P	F	S	A	I	S
Ł	J	O	T	L	I	I	K	M	I	Z	C	A	J	G	U
L	N	R	S	E	A	S	T	R	O	N	A	U	T	A	P
Z	V	I	H	T	L	K	P	Ł	T	N	E	J	P	I	E
F	E	U	R	S	M	E	C	B	S	Q	O	E	T	D	R
A	V	M	L	N	U	M	S	C	L	W	Y	R	T	U	N
Z	L	K	G	O	A	Q	K	K	H	I	V	W	T	Z	O
Z	B	U	B	K	R	U	K	S	O	J	T	R	Q	S	W
V	T	W	G	W	I	A	Z	D	A	P	U	I	Ł	L	A

ASTEROIDA
ASTRONAUTA
ASTRONOM
ZIEMIA
NIEBO
KOMETA
KONSTELACJA
KOSMOS
METEOR
KSIĘŻYC
MGŁAWICA
OBSERWATORIUM
PLANETA
RAKIETA
SATELITA
GWIAZDA
SUPERNOWA
TELESKOP
ZODIAK

17 - Ballett

W	C	E	J	W	L	X	O	P	M	F	W	F	X	B	A
D	W	Q	F	F	Y	M	Y	Ł	I	H	J	Z	G	Ł	R
Z	I	Y	F	V	T	R	I	Q	P	J	D	A	D	O	T
I	D	T	Q	N	S	H	A	Ę	M	U	Z	Y	K	A	Y
Ę	W	L	A	P	S	O	G	Z	Ś	S	X	R	C	B	S
C	Q	B	O	S	E	P	L	R	I	N	P	J	H	Ó	T
Z	O	K	L	A	S	K	I	O	Y	S	I	F	O	R	Y
N	S	T	P	Q	N	X	X	T	S	W	T	E	R	P	C
Y	W	R	Y	T	M	H	L	Y	U	X	G	Y	E	T	Z
B	A	L	E	R	I	N	A	Z	K	A	E	Y	O	A	N
U	M	I	E	J	Ę	T	N	O	Ś	Ć	S	Q	G	N	Y
T	E	C	H	N	I	K	A	P	Z	T	T	T	R	C	I
Q	G	D	B	S	P	H	S	M	F	Ł	X	I	A	E	W
L	N	O	Q	G	W	Q	Q	O	O	B	Y	X	F	R	E
O	L	U	C	H	Z	L	G	K	Y	X	Q	R	I	Z	E
C	U	Z	F	O	R	K	I	E	S	T	R	A	A	E	W

WDZIĘCZNY
OKLASKI
WYRAZISTY
BALERINA
CHOREOGRAFIA
UMIEJĘTNOŚĆ
GEST
KOMPOZYTOR
ARTYSTYCZNY
MUZYKA
MIĘŚNIE
ORKIESTRA
PRÓBA
RYTM
SOLO
STYL
TANCERZE
TECHNIKA

18 - Geologie

S	L	Ń	P	E	L	A	W	A	F	K	Q	U	G	S	X
B	T	P	M	Ł	R	H	S	A	X	A	W	P	Ł	K	L
E	Y	A	K	P	A	O	G	F	U	M	L	O	J	A	Y
I	T	W	L	U	C	S	Z	M	P	I	C	O	C	M	N
S	K	E	L	A	R	O	K	J	S	E	I	V	B	I	P
I	A	Y	H	U	G	Y	Ł	O	A	Ń	J	F	N	E	J
R	L	W	N	G	P	M	T	W	W	Q	U	F	X	N	J
N	A	K	L	U	W	M	I	A	K	Y	T	W	A	I	L
T	T	K	W	A	R	C	F	T	O	G	Ż	E	Y	A	M
D	S	C	I	E	K	Ł	Y	U	Y	R	I	M	R	Ł	I
Ł	C	N	Q	O	R	Q	R	F	Z	O	D	H	V	O	N
B	Ł	L	J	G	T	N	E	N	Y	T	N	O	K	Ś	E
S	T	R	E	F	A	L	Z	O	Y	A	A	D	Z	Ć	R
Y	N	M	S	Ł	V	L	J	B	E	L	A	B	N	T	A
D	T	J	S	Ó	L	L	E	L	K	Y	C	U	T	I	Ł
P	T	A	I	A	H	R	G	S	H	B	M	Ł	G	S	Y

EROZJA
SKAMIENIAŁOŚĆ
CIEKŁY
GEJZER
GROTA
WAPŃ
KONTYNENT
KORAL
LAWA
MINERAŁY
PŁASKOWYŻ
KWARC
SÓL
KWAS
STALAGMITY
STALAKTYT
KAMIEŃ
WULKAN
STREFA
CYKLE

19 - Wissenschaft

S	A	Z	E	T	O	P	I	H	M	E	T	O	D	A	W
C	Z	A	I	K	Z	C	E	T	S	Ą	Z	C	M	D	K
X	Y	S	J	E	S	N	E	Y	H	N	A	U	H	W	B
D	N	K	K	I	K	P	U	A	Q	S	K	U	L	L	E
A	I	A	A	K	I	S	E	D	X	L	Y	F	Q	A	H
N	C	M	R	T	K	A	F	R	T	M	Z	W	F	B	N
E	C	I	U	S	O	F	N	A	Y	N	I	L	Ś	O	R
E	H	E	T	Ą	Y	M	A	Ł	Ł	M	F	O	V	R	T
W	E	N	A	Z	L	Z	U	H	A	K	E	K	L	A	K
O	M	I	N	C	V	I	K	G	R	G	R	N	B	T	K
L	I	A	H	N	Y	N	O	E	E	U	T	M	T	O	F
U	C	Ł	D	Ł	I	A	W	J	N	W	G	C	A	R	K
C	Z	O	H	J	T	G	I	Q	I	M	G	Q	M	I	U
J	N	Ś	Y	W	D	R	E	C	M	X	K	Z	I	U	I
A	Y	Ć	W	K	Z	O	C	V	A	H	X	S	L	M	J
G	R	A	W	I	T	A	C	J	A	Ł	S	D	K	B	P

ATOM
CHEMICZNY
DANE
EWOLUCJA
EKSPERYMENT
SKAMIENIAŁOŚĆ
HIPOTEZA
KLIMAT
LABORATORIUM
METODA
MINERAŁY
CZĄSTECZKI
NATURA
ORGANIZM
CZĄSTKI
ROŚLINY
FIZYKA
GRAWITACJA
FAKT
NAUKOWIEC

20 - Sport

Z	E	G	O	L	F	Q	W	D	L	G	I	P	W	Q	B
E	M	H	R	G	N	Q	P	T	T	F	I	H	Ł	Q	E
S	M	U	S	A	J	O	K	F	V	A	I	Z	D	Ę	S
P	I	A	C	T	E	N	I	S	G	T	N	B	Z	K	G
Ó	S	B	K	Ł	K	M	E	D	R	L	Y	O	W	O	I
Ł	T	R	E	W	O	R	J	G	A	E	M	R	Y	S	M
S	R	N	S	Ł	H	T	T	R	C	T	M	D	C	Z	N
T	Z	P	Ł	Y	W	A	Ć	U	Z	A	S	R	I	Y	A
U	O	B	W	P	Q	L	X	C	A	H	X	T	Ę	K	S
Q	S	R	F	U	S	L	O	H	N	O	Ł	H	Z	Ó	T
X	T	G	I	M	N	A	Z	J	U	M	Y	C	C	W	Y
F	W	Ł	K	S	Ł	B	L	E	U	C	T	G	A	K	K
Ł	O	X	S	C	R	E	N	E	R	T	X	P	R	A	A
B	Ł	Z	C	H	T	S	D	P	H	S	E	M	I	A	F
H	S	Z	N	F	O	A	T	M	X	S	S	F	P	Q	W
H	D	U	O	J	G	B	W	Q	Ł	B	L	A	J	U	T

ATLETA
BASEBALL
KOSZYKÓWKA
RUCH
HOKEJ
ROWER
ZWYCIĘZCA
GOLF
GIMNAZJUM
GIMNASTYKA
ZESPÓŁ
MISTRZOSTWO
SĘDZIA
PŁYWAĆ
GRA
GRACZ
STADION
TENIS
TRENER

21 - Mythologie

K	Ł	Y	N	Z	C	I	G	A	M	M	X	I	M	K	P
N	U	N	Y	R	Z	A	C	H	O	W	A	N	I	E	I
I	B	L	S	I	Ł	A	K	R	E	T	A	H	O	B	O
E	O	E	T	O	M	Z	R	G	M	L	J	U	C	K	R
B	H	T	A	U	I	E	E	C	Y	E	C	W	B	A	U
O	A	R	P	J	R	M	D	W	R	G	A	S	C	T	N
K	T	E	D	A	A	A	O	S	P	E	E	V	U	A	Z
Y	E	I	S	O	A	Q	A	T	O	N	R	P	D	S	A
M	R	M	P	R	K	S	C	W	T	D	K	A	Y	T	Z
N	S	Ś	T	T	T	U	E	O	W	A	I	O	R	R	D
Z	E	M	S	T	A	F	H	R	Ó	M	N	C	O	O	R
A	R	C	H	E	T	Y	P	Z	R	W	W	L	A	F	O
L	A	B	I	R	Y	N	T	E	K	Y	O	H	N	A	Ś
S	U	T	V	F	D	S	A	N	N	V	J	D	Ł	E	Ć
J	R	W	M	Ł	X	L	V	I	S	Z	O	K	Z	R	I
H	K	Ł	N	F	K	G	W	E	F	D	W	T	H	B	H

ARCHETYP
PIORUN
GRZMOT
ZAZDROŚĆ
BOHATER
BOHATERKA
NIEBO
KATASTROFA
KREACJA
STWORZENIE
WOJOWNIK
KULTURA
LABIRYNT
LEGENDA
MAGICZNY
POTWÓR
ZEMSTA
SIŁA
ŚMIERTELNY
ZACHOWANIE

22 - Restaurant #2

V	F	H	L	I	Q	J	I	U	P	G	F	A	V	P	M
W	K	T	E	U	Ł	A	P	U	Z	Y	D	N	G	X	A
M	D	D	M	E	B	J	C	F	V	W	S	N	I	X	K
O	W	O	C	R	D	A	I	B	O	G	O	Z	M	O	A
Ł	Y	Ż	K	A	Ó	D	M	X	A	A	T	Y	N	Q	R
A	Ł	I	D	E	L	O	O	C	I	A	S	T	O	Y	O
K	E	L	N	E	R	W	I	V	R	W	J	M	Ł	W	N
W	Z	R	B	K	Z	V	V	Ł	K	A	Ł	S	E	A	Z
A	Q	C	H	S	R	U	F	R	F	R	S	O	P	R	E
T	G	L	W	G	Ó	Z	C	C	Y	Z	A	S	O	P	S
S	R	Y	B	A	Z	L	E	A	O	Y	Ł	L	F	Y	R
Y	N	A	P	Ó	J	E	L	S	V	W	A	A	X	Z	O
Z	C	E	H	D	A	F	E	G	Ł	A	T	K	A	R	V
R	Z	A	U	B	I	R	D	M	C	O	K	C	G	P	U
P	Q	D	K	Q	T	O	I	X	N	G	A	S	Y	K	A
F	A	P	T	E	W	N	W	O	A	S	D	D	R	C	U

OBIAD
JAJA
LÓD
RYBA
OWOC
WIDELEC
WARZYWA
NAPÓJ
PRZYPRAWY
KELNER
PYSZNY
CIASTO
ŁYŻKA
MAKARON
SAŁATKA
SÓL
KRZESŁO
ZUPA
PRZYSTAWKA
WODA

23 - Ökologie

Ć	Ś	O	N	N	I	L	Ś	O	R	K	Y	O	S	S	Z
P	W	G	Ł	U	X	S	F	E	N	J	N	T	P	U	R
D	I	V	E	X	S	S	I	Z	E	G	L	Q	R	S	Ó
R	A	R	O	L	F	M	C	S	P	T	A	T	Z	Z	W
I	T	G	E	W	D	R	Ś	U	H	K	R	B	E	A	N
J	O	F	Ó	P	Ł	B	O	I	E	L	U	Q	T	T	O
T	W	S	F	R	Ł	G	N	R	X	I	T	O	R	Q	W
S	Y	G	B	E	Y	W	Z	A	Z	M	A	M	W	Ł	A
M	O	R	S	K	I	X	C	T	J	A	N	U	A	F	Ż
N	V	F	E	F	A	K	E	N	U	T	A	G	N	Y	O
X	A	Z	D	V	Y	U	Ł	O	S	F	W	S	I	N	N
W	X	T	U	E	B	B	O	L	N	X	Y	K	E	I	Y
L	U	Ł	U	O	O	L	P	O	A	H	G	O	L	L	J
M	I	N	U	R	S	P	S	W	Q	I	G	X	C	Ś	K
U	F	A	Y	B	A	S	I	E	D	L	I	S	K	O	O
Z	G	Y	Q	K	Z	C	Ł	I	X	W	F	Q	L	R	K

GATUNEK
GÓRY
SUSZA
FAUNA
FLORA
WOLONTARIUSZE
SPOŁECZNOŚCI
ŚWIATOWY
KLIMAT
SIEDLISKO
MORSKI
ZRÓWNOWAŻONY
NATURA
NATURALNY
ROŚLINY
ZASOBY
BAGNO
PRZETRWANIE
ROŚLINNOŚĆ

24 - Boote

K	V	D	S	F	A	Q	L	Ł	Z	L	Z	H	C	R	L
W	O	Ż	S	G	R	P	J	O	Z	I	K	S	R	O	M
C	T	T	A	R	Z	E	K	A	Z	N	K	O	D	K	N
M	O	X	W	G	W	T	H	R	R	A	A	C	V	V	H
N	O	X	Z	I	L	M	M	D	Z	B	J	K	O	I	X
X	N	R	U	Z	C	Ó	F	X	R	N	A	E	C	O	X
H	F	W	Z	X	N	A	W	P	P	V	K	V	V	Z	Y
W	S	W	R	E	L	A	F	K	M	A	S	Z	T	A	O
T	H	C	A	J	C	F	Q	W	A	P	R	O	M	Ł	G
R	K	V	N	V	Ł	V	Y	M	D	C	B	R	G	O	Z
D	P	O	Y	N	Z	C	Y	T	U	A	N	I	A	G	X
T	I	U	R	S	I	L	N	I	K	B	O	J	A	A	K
S	G	E	A	O	X	O	L	Q	K	Z	P	C	F	Y	U
N	U	Z	M	V	G	O	A	Ł	R	W	J	L	B	H	Y
T	R	A	T	W	A	J	G	R	W	M	B	T	M	G	U
J	E	Z	I	O	R	O	O	H	N	M	W	R	S	S	E

KOTWICA
BOJA
ZAŁOGA
DOK
PROM
TRATWA
RZEKA
KAJAK
MORSKI
MASZT
MORZE
SILNIK
NAUTYCZNY
OCEAN
JEZIORO
MARYNARZ
ŻAGLÓWKA
LINA
FALE
JACHT

25 - Stadt

B	P	N	A	C	I	P	H	Q	S	P	Y	F	E	G	M
O	A	J	Ł	Y	A	G	H	Q	U	M	L	K	W	A	A
L	K	N	O	U	J	M	D	G	P	V	K	I	P	L	Q
U	I	E	K	J	C	Y	H	D	E	F	S	N	H	E	A
X	N	B	Z	P	A	M	O	I	R	T	I	O	O	R	G
Y	I	Q	S	B	R	P	T	A	M	E	Ę	K	T	I	X
T	L	H	R	T	U	O	Z	U	A	T	G	S	E	A	Y
T	K	M	E	X	A	V	H	Z	R	Y	A	I	L	K	K
V	E	R	S	Z	T	D	W	T	K	S	R	N	Y	E	W
X	W	A	U	N	S	J	I	O	E	R	N	T	I	T	I
O	Y	A	T	B	E	R	H	O	T	E	I	O	H	O	A
H	U	Z	Ł	R	R	C	V	Z	N	W	A	L	I	I	C
P	S	M	P	I	E	K	A	R	N	I	A	C	P	L	I
G	D	C	A	K	W	U	V	G	D	N	X	D	O	B	A
A	P	T	E	K	A	M	U	Z	E	U	M	M	X	I	R
G	V	O	T	R	Y	N	E	K	M	Ł	D	O	L	B	Z

APTEKA
BANK
PIEKARNIA
BIBLIOTEKA
KWIACIARZ
KSIĘGARNIA
LOTNISKO
GALERIA
HOTEL
KINO
KLINIKA
RYNEK
MUZEUM
RESTAURACJA
SZKOŁA
STADION
SUPERMARKET
TEATR
UNIWERSYTET
ZOO

26 - Aktivitäten

F	N	U	U	P	N	R	C	W	Ę	D	R	Ó	W	K	I
Ł	A	H	L	E	K	N	Z	E	Ł	K	X	R	Q	J	C
K	K	V	I	S	K	A	L	E	R	J	V	R	U	N	L
J	Z	U	Ł	Y	S	L	Y	A	M	A	K	U	T	Z	S
F	O	T	O	G	R	A	F	I	A	I	M	B	L	M	W
U	M	I	E	J	Ę	T	N	O	Ś	Ć	O	I	V	J	Y
S	Z	Y	C	I	E	C	M	Ł	C	Ś	H	S	K	O	P
T	W	Y	I	S	L	C	Z	N	Y	O	Q	G	Ł	A	O
B	P	Q	S	K	K	S	I	Y	G	N	G	U	B	A	C
F	U	A	O	X	K	A	B	Y	T	L	R	C	U	G	Z
W	Ę	D	K	A	R	S	T	W	O	A	Y	W	S	L	Y
P	O	L	O	W	A	N	I	E	V	Ł	N	Ł	X	Ł	N
K	R	H	Y	T	A	N	I	E	C	A	V	I	H	C	E
M	A	G	I	A	P	R	I	G	N	I	P	M	E	K	K
T	M	Ć	Ś	O	N	M	E	J	Y	Z	R	P	K	C	Q
H	Q	X	O	O	W	T	C	I	N	D	O	R	G	O	N

DZIAŁALNOŚĆ
WĘDKARSTWO
KEMPING
RELAKS
UMIEJĘTNOŚĆ
FOTOGRAFIA
WYPOCZYNEK
OGRODNICTWO
POLOWANIE
CERAMIKA
SZTUKA
RZEMIOSŁA
CZYTANIE
MAGIA
SZYCIE
GRY
TANIEC
PRZYJEMNOŚĆ
WĘDRÓWKI

27 - Bienen

I	C	J	R	Q	Ł	U	N	M	Y	D	U	S	Z	S	Q
R	K	W	I	T	N	Ą	Ć	I	N	J	C	L	A	I	E
N	Ó	O	W	A	D	A	Z	Ó	T	Y	E	Q	P	E	K
X	S	Ż	E	G	L	Ł	Z	D	S	D	Ł	G	Y	D	O
Z	U	Ł	N	S	F	L	L	C	Y	N	U	M	L	L	S
R	U	T	O	O	C	P	S	R	Z	R	N	D	A	I	Y
Ó	C	M	C	Ń	R	O	Y	K	R	B	D	J	C	S	S
J	A	Q	E	F	C	O	R	U	O	B	Y	C	Z	K	T
O	W	O	C	V	I	E	D	W	K	S	O	W	K	O	E
B	O	J	O	K	T	K	Y	N	I	L	Ś	O	R	P	M
Q	L	J	W	T	F	V	T	W	O	Z	S	C	P	Q	C
G	Ó	L	T	K	P	R	A	O	L	Ś	J	H	Y	B	I
R	R	P	S	B	H	R	I	G	L	X	Ć	I	Ł	D	O
I	K	D	O	B	D	S	W	R	I	W	A	D	E	Z	T
Ł	A	I	S	J	U	M	K	Ó	P	W	Ł	H	K	I	Ł
S	K	R	Z	Y	D	Ł	A	D	N	O	J	R	E	R	F

ZAPYLACZ
UL
KWIATY
KWITNĄĆ
SKRZYDŁA
OWOC
OGRÓD
MIÓD
OWAD
KRÓLOWA
SIEDLISKO
EKOSYSTEM
ROŚLINY
PYŁEK
DYM
RÓJ
SŁOŃCE
RÓŻNORODNOŚĆ
KORZYSTNY
WOSK

28 - Wissenschaftliche Disziplinen

G	E	O	L	O	G	I	A	I	G	O	L	O	O	Z	H
A	I	G	O	L	O	N	U	M	M	I	L	S	H	M	P
U	N	G	U	A	I	G	O	L	O	K	E	W	P	I	Ł
F	P	A	R	I	A	Z	P	K	W	D	L	X	S	N	N
M	I	S	T	G	H	K	Ł	Q	F	E	W	X	Y	E	L
E	S	Z	A	O	B	O	T	A	N	I	K	A	C	R	N
T	O	M	J	L	M	R	D	I	I	Z	A	I	H	A	E
E	C	K	N	O	M	I	I	G	J	H	S	G	O	L	U
O	J	U	I	J	L	H	A	O	W	H	T	O	L	O	R
R	O	F	R	Z	U	O	L	L	I	X	R	L	O	G	O
O	L	U	N	E	P	N	G	O	T	R	O	O	G	I	L
L	O	X	A	N	I	B	V	I	K	A	N	E	I	A	O
O	G	T	Z	I	K	N	K	B	A	U	O	H	A	H	G
G	I	J	E	K	C	H	E	M	I	A	M	C	U	D	I
I	A	M	E	C	H	A	N	I	K	A	I	R	L	E	A
A	B	I	O	C	H	E	M	I	A	O	A	A	Z	C	I

ANATOMIA
ARCHEOLOGIA
ASTRONOMIA
BIOCHEMIA
BIOLOGIA
BOTANIKA
CHEMIA
GEOLOGIA
IMMUNOLOGIA
KINEZJOLOGIA
MECHANIKA
METEOROLOGIA
MINERALOGIA
NEUROLOGIA
EKOLOGIA
FIZJOLOGIA
PSYCHOLOGIA
SOCJOLOGIA
ZOOLOGIA

29 - Vögel

W	J	T	Y	T	O	J	L	Z	R	D	Ł	K	H	Z	Z
P	O	D	W	M	Y	Z	R	W	Z	F	Z	V	Q	S	V
C	Z	A	P	L	A	V	A	J	Y	L	L	K	S	V	T
P	X	V	M	F	O	R	Z	E	Ł	A	K	Z	C	A	K
E	P	C	S	U	K	J	G	X	A	M	G	K	I	N	V
L	K	F	I	Z	J	S	N	J	K	I	W	U	K	G	R
I	Z	R	Z	P	A	S	O	W	A	N	R	A	P	F	U
K	J	O	U	M	J	B	P	K	Z	G	O	L	I	A	A
A	K	Ł	U	K	U	K	G	O	C	I	N	P	W	J	P
N	W	R	Ó	B	E	L	W	D	R	W	A	M	E	W	A
B	B	M	N	C	P	E	Z	Y	U	Q	K	E	G	A	W
D	O	Y	I	J	Q	M	H	Y	K	W	V	X	A	V	H
J	C	F	W	P	G	O	Ł	Ą	B	M	Z	U	M	G	R
E	I	J	Z	A	Y	G	U	M	J	B	Y	K	W	I	U
S	A	D	U	W	T	J	Ę	D	U	N	S	K	M	O	H
Z	N	I	W	G	N	I	P	Ś	Ł	A	B	Ę	D	Ź	W

ORZEŁ
JAJKO
KACZKA
SOWA
FLAMING
GĘŚ
KURCZAK
WRONA
KUKUŁKA
MEWA
PAPUGA
PELIKAN
PAW
PINGWIN
KRUK
CZAPLA
ŁABĘDŹ
WRÓBEL
BOCIAN
GOŁĄB

30 - Biologie

F	S	S	S	T	B	I	P	I	S	S	A	K	C	E	U
O	Q	Y	Y	N	L	A	R	U	T	A	N	X	B	W	E
T	E	N	M	H	J	U	X	Y	N	E	G	A	L	O	K
O	X	A	B	V	K	O	U	J	N	C	O	S	I	L	K
S	A	P	I	C	D	O	K	Ł	A	I	B	Y	Y	U	O
Y	Y	S	O	C	W	C	E	N	O	D	L	P	X	C	M
N	U	A	Z	J	S	P	D	Z	S	H	O	Ś	H	J	Ó
T	C	M	A	G	L	O	O	J	P	H	S	B	O	A	R
E	N	E	U	R	O	N	R	L	H	N	M	F	R	R	K
Z	D	E	N	J	N	D	A	Y	J	E	O	A	M	E	A
A	C	W	Q	S	M	C	Z	E	Q	R	Z	K	O	I	N
C	H	R	O	M	O	S	O	M	N	W	A	D	N	O	W
G	I	R	C	P	F	Z	F	U	Z	Z	C	Ł	M	S	R
V	A	A	N	A	T	O	M	I	A	E	Y	P	E	B	W
A	J	D	M	U	T	A	C	J	A	F	O	M	Y	C	Q
Q	P	I	S	F	B	Y	Ł	E	B	S	J	H	K	S	G

ANATOMIA
CHROMOSOM
ZARODEK
ENZYM
EWOLUCJA
HORMON
KOLAGEN
MUTACJA
NATURALNY
NERW
NEURON
OSMOZA
ROŚLINY
FOTOSYNTEZA
BIAŁKO
GAD
SSAK
SYMBIOZA
SYNAPSA
KOMÓRKA

31 - Elektrizität

T	Z	U	B	Q	R	Z	H	K	O	Z	G	U	B	D	J
T	E	L	E	F	O	N	E	Ł	B	X	E	T	Q	C	K
T	E	L	E	W	I	Z	J	A	I	M	N	J	O	E	H
U	N	S	P	G	O	J	Q	Q	E	C	E	F	B	L	X
U	E	E	K	R	D	S	X	P	K	I	R	S	X	E	E
Q	S	N	L	Ł	Z	Q	P	N	T	G	A	Ł	L	K	B
Q	R	G	A	S	A	E	E	R	Y	N	T	Ł	G	T	X
Ł	O	A	S	T	I	D	W	Q	Z	M	O	Ł	O	R	J
O	X	M	E	S	N	F	O	O	D	Ę	R	L	H	Y	Q
E	D	X	R	Y	G	J	C	W	D	U	T	O	P	C	Y
K	Y	R	T	K	E	L	E	L	A	Y	V	X	L	Z	N
A	P	M	A	L	M	Y	S	S	U	N	I	M	U	N	J
B	D	N	F	V	Z	V	Ć	Ś	O	L	I	U	S	Y	K
E	D	V	R	S	E	B	E	B	A	I	R	E	T	A	B
L	B	Y	V	L	L	U	I	Z	Y	C	K	N	L	Ł	K
W	Q	N	D	V	V	X	S	V	X	K	Z	L	M	J	C

SPRZĘT
BATERIA
PRZEWODY
ELEKTRYK
ELEKTRYCZNY
TELEWIZJA
GENERATOR
KABEL
SKŁADOWANIE
LAMPA
LASER
MAGNES
ILOŚĆ
MINUS
SIEĆ
OBIEKTY
PLUS
GNIAZDO
TELEFON

32 - Garten

Ł	S	Ż	A	R	A	G	S	C	G	H	F	N	V	C	C
N	A	Ą	K	M	F	C	Y	S	R	O	R	I	U	H	Ł
A	R	W	Z	A	S	M	S	N	A	O	I	Ł	C	W	Z
Y	A	X	K	S	B	Ł	T	G	B	B	Z	F	T	A	T
O	T	B	W	A	T	D	A	S	I	O	Z	Y	R	S	R
O	T	R	A	W	A	K	W	Z	E	W	Z	M	A	T	A
G	L	E	B	A	O	W	G	K	R	Z	A	K	M	Y	W
Y	Y	R	P	X	M	I	A	O	A	T	X	Q	P	E	N
D	R	Z	E	W	O	A	N	B	G	M	O	Y	O	J	I
Ł	O	P	A	T	A	T	E	X	V	R	A	M	L	H	K
F	D	X	J	P	P	R	K	O	E	R	Ó	H	I	D	D
C	P	W	P	O	Q	L	U	R	K	G	Q	D	N	E	M
O	G	R	O	D	Z	E	N	I	E	Q	E	T	A	Ł	U
K	Y	F	N	E	E	H	N	A	Q	W	Z	Z	X	Q	F
O	T	O	T	D	U	W	O	C	S	Z	R	Z	C	L	Y
Ł	H	B	E	Y	L	O	Z	C	W	I	F	J	O	M	X

ŁAWKA
DRZEWO
KWIAT
GLEBA
KRZAK
GARAŻ
OGRÓD
TRAWA
HAMAK
SAD

TRAWNIK
GRABIE
ŁOPATA
WĄŻ
STAW
TARAS
TRAMPOLINA
CHWASTY
GANEK
OGRODZENIE

33 - Antarktis

K	F	B	A	D	O	W	P	R	E	W	T	T	Q	B	H
Y	O	D	R	Z	I	H	J	Z	I	Y	G	O	M	O	Ł
X	J	N	U	E	I	I	U	A	B	P	E	P	B	M	X
X	C	J	T	A	Q	I	C	T	Q	R	O	O	P	M	V
O	P	C	A	Y	N	V	L	O	M	A	G	G	T	C	P
Y	Ł	A	R	E	N	I	M	K	E	W	R	R	A	E	H
T	H	B	E	N	U	E	W	A	G	A	A	A	K	M	W
S	E	U	P	T	J	C	N	I	C	H	F	F	I	I	J
I	Ł	Ł	M	Q	L	W	Y	T	A	M	I	I	L	G	V
L	K	J	E	R	M	O	A	I	N	T	A	A	J	R	E
A	L	K	T	Z	A	D	O	G	O	P	R	S	B	A	A
K	O	K	S	I	W	O	D	O	R	Ś	Y	Y	A	C	Ł
S	Q	Ł	T	F	R	L	W	E	H	L	Ó	D	D	J	P
P	Ó	Ł	W	Y	S	E	P	Q	C	B	E	F	A	A	D
N	A	U	K	O	W	Y	G	K	O	B	V	Ł	C	F	C
F	Y	E	E	S	G	M	M	S	G	L	B	G	Z	D	D

ZATOKA
LÓD
OCHRONA
WYPRAWA
SKALISTY
BADACZ
GEOGRAFIA
LODOWCE
PÓŁWYSEP
KONTYNENT
MIGRACJA
MINERAŁY
TEMPERATURA
TOPOGRAFIA
ŚRODOWISKO
PTAKI
WODA
POGODA
WIATRY
NAUKOWY

34 - Fahren

Ł	Ł	V	T	E	T	P	A	S	F	M	G	H	T	X	C
P	A	L	I	W	O	I	T	S	P	C	F	U	V	X	I
X	F	P	K	D	V	E	Y	Z	A	C	P	T	M	S	Ę
Q	R	T	Y	D	Ł	S	W	Ł	Y	N	H	X	N	H	Ż
P	L	N	V	K	A	Z	N	N	A	Ł	Z	S	A	J	A
T	O	U	N	X	M	Y	V	S	D	Z	M	Y	Q	K	R
R	Q	L	L	I	C	E	N	C	J	A	A	A	B	E	Ó
A	F	E	I	O	U	Ł	S	L	R	G	I	C	P	D	W
N	U	N	J	C	J	J	R	I	A	C	Ł	I	A	A	K
S	E	U	U	E	J	R	A	Q	L	O	Q	L	U	P	A
P	Q	T	B	F	Ż	A	R	A	G	N	H	U	T	Y	M
O	M	O	T	O	C	Y	K	L	L	I	I	K	O	W	E
R	R	U	C	H	D	R	O	G	O	W	Y	K	B	F	S
T	S	A	M	O	C	H	Ó	D	K	X	C	V	U	V	R
P	R	Ę	D	K	O	Ś	Ć	G	E	V	Q	E	S	P	O
G	M	H	A	M	U	L	C	E	Y	X	R	M	D	F	R

SAMOCHÓD
HAMULCE
PALIWO
AUTOBUS
PIESZY
GARAŻ
GAZ
PRĘDKOŚĆ
MAPA
LICENCJA
CIĘŻARÓWKA
SILNIK
MOTOCYKL
POLICJA
ULICA
TRANSPORT
TUNEL
WYPADEK
RUCH DROGOWY

35 - Physik

C	S	Y	A	P	E	J	Ą	D	R	O	W	Y	P	P	G
Z	Ł	D	P	J	Q	K	S	F	R	L	X	N	W	R	Ę
Ę	J	T	Y	N	L	A	S	R	E	W	I	N	U	Ę	S
S	X	D	A	S	A	M	C	P	Z	A	H	T	K	D	T
T	T	A	J	I	A	T	O	M	E	N	B	K	A	K	O
O	N	D	D	L	J	A	Ł	U	M	R	O	F	K	O	Ś
T	Ć	Ś	O	N	D	Ę	L	G	Z	W	Y	U	Z	Ś	Ć
L	F	U	Q	I	C	Z	Ą	S	T	K	A	M	C	Ć	G
I	Q	M	A	K	I	N	A	H	C	E	M	C	E	I	A
W	Z	M	I	E	N	N	A	N	L	L	R	H	T	N	Z
O	M	A	G	N	E	T	Y	Z	M	V	M	A	S	A	T
Ś	A	N	C	R	I	T	D	W	H	J	M	O	Ą	K	D
Ć	Y	J	C	H	E	M	I	C	Z	N	Y	S	Z	R	K
E	L	E	K	T	R	O	N	Ł	X	E	Q	D	C	J	Z
I	I	V	Q	S	P	U	W	B	U	A	C	F	Y	X	P
J	A	Z	Q	C	T	M	P	E	W	J	M	D	D	N	I

ATOM
CHAOS
CHEMICZNY
GĘSTOŚĆ
ELEKTRON
EKSPERYMENT
FORMUŁA
CZĘSTOTLIWOŚĆ
GAZ
PRĘDKOŚĆ
MAGNETYZM
MASA
MECHANIKA
CZĄSTECZKA
SILNIK
JĄDROWY
CZĄSTKA
WZGLĘDNOŚĆ
UNIWERSALNY
ZMIENNA

36 - Bücher

S	Ł	B	H	E	L	L	I	T	E	R	A	C	K	I	H
D	D	K	O	N	T	E	K	S	T	V	Z	K	U	N	U
S	U	X	I	Ł	A	A	U	J	L	K	K	Ł	G	A	M
B	Y	A	I	R	O	T	S	I	H	I	L	Q	C	R	O
E	S	A	L	U	U	G	N	W	D	N	W	R	J	R	R
R	V	A	U	I	K	C	I	P	E	L	N	K	Q	A	Y
H	M	J	Y	T	Z	P	O	W	I	E	Ś	Ć	P	T	S
V	X	C	Z	D	O	M	B	I	Y	T	E	N	I	O	T
L	M	K	C	Y	D	R	A	A	K	Y	R	T	S	R	Y
P	O	E	Z	J	A	D	O	G	Y	Z	R	P	E	S	C
C	S	L	A	D	I	I	Y	G	Ł	C	C	S	M	T	Z
Q	K	O	L	N	I	J	R	S	Q	O	N	X	N	R	N
G	T	K	A	G	Z	M	N	E	D	N	K	T	Y	O	Y
P	B	L	N	P	T	H	K	U	S	O	O	C	J	N	N
C	H	D	Y	N	Z	C	Y	R	O	T	S	I	H	A	V
A	R	A	W	I	J	Q	E	Z	V	W	I	E	R	S	Z

PRZYGODA
AUTOR
DUALIZM
EPICKI
WYNALAZCZY
NARRATOR
WIERSZ
HISTORIA
PISEMNY
HISTORYCZNY
HUMORYSTYCZNY
KOLEKCJA
KONTEKST
CZYTELNIK
LITERACKI
POEZJA
POWIEŚĆ
STRONA
SERIA

37 - Menschlicher Körper

W	S	P	V	M	B	W	W	G	O	T	Y	D	G	Q	F
W	C	S	A	T	S	U	J	E	Ł	N	S	E	R	C	E
I	O	T	O	L	P	D	Ę	Y	D	H	I	P	J	S	S
R	A	M	I	Ę	E	T	Z	U	H	O	Z	J	L	S	I
K	Q	D	H	N	Y	C	Y	T	N	V	X	V	S	K	M
A	K	W	V	P	G	C	K	N	A	Q	K	N	Q	B	K
O	H	C	U	K	K	Z	C	L	K	E	M	L	P	E	L
J	N	G	X	S	D	K	M	A	G	O	N	W	A	W	X
T	W	A	R	Z	P	O	D	B	R	Ó	D	E	K	S	M
J	U	W	L	I	S	R	Ę	K	A	Ó	Z	R	T	Z	U
A	G	O	D	O	U	Q	Q	W	W	X	K	K	S	Y	Z
A	Z	Ł	H	A	K	Ę	Z	C	Z	S	X	S	O	J	G
S	I	G	O	N	O	S	Ł	O	K	I	E	Ć	K	A	W
U	L	K	K	Q	R	Z	E	X	M	Ó	Z	G	P	O	M
T	N	S	O	B	M	S	O	X	F	O	T	V	Ł	K	J
D	Q	K	W	F	X	K	R	H	Ł	I	N	J	S	Y	N

NOGA
KREW
ŁOKIEĆ
PALEC
MÓZG
TWARZ
SZYJA
RĘKA
SKÓRA
SERCE

SZCZĘKA
PODBRÓDEK
KOLANO
KOSTKA
GŁOWA
USTA
NOS
UCHO
RAMIĘ
JĘZYK

38 - Agronomie

R	L	U	L	Z	R	Ó	W	N	O	W	A	Ż	O	N	Y
W	C	Y	Ś	R	O	D	O	W	I	S	K	O	C	A	Ł
O	G	N	S	Ł	N	A	U	K	A	F	O	I	C	K	N
J	S	I	P	X	O	Y	B	O	R	O	H	C	W	D	X
D	S	L	H	H	Q	N	M	Ł	Y	A	J	E	T	K	F
Q	T	Ś	M	S	N	Z	X	E	T	D	E	N	Q	V	I
P	R	O	D	U	K	C	J	A	T	N	U	A	A	A	E
B	O	R	G	S	W	I	T	I	K	S	J	E	I	W	R
A	B	E	L	G	O	N	R	G	C	R	Y	E	G	Y	O
D	C	R	M	C	D	A	B	R	M	B	J	S	O	Z	Z
A	W	V	M	V	A	G	X	E	Z	M	D	Y	L	R	J
N	P	Z	X	W	E	R	J	N	H	H	Q	Q	O	A	A
I	D	Ó	R	S	Q	O	Z	E	Y	O	P	Z	K	W	D
A	Z	W	B	O	W	T	C	I	N	L	O	R	E	R	I
K	X	A	C	D	S	B	A	D	A	N	I	E	V	Y	O
F	I	N	Q	G	J	T	L	T	F	L	G	Y	B	C	S

GLEBA
NAWÓZ
ENERGIA
EROZJA
BADANIA
WARZYWA
CHOROBY
ROLNICTWO
WIEJSKI
ZRÓWNOWAŻONY
ORGANICZNY
EKOLOGIA
ROŚLINY
PRODUKCJA
BADANIE
SYSTEMY
ŚRODOWISKO
WZROST
WODA
NAUKA

39 - Landschaften

W	K	G	Z	O	R	K	A	K	E	Z	R	X	V	N	V
Y	Z	Ł	H	A	I	N	I	K	S	A	J	E	S	J	M
Z	G	T	J	Z	D	A	P	S	O	D	O	W	O	U	B
Y	Y	W	J	A	Ż	A	L	P	R	T	M	Z	S	B	B
A	W	F	W	H	O	A	G	O	E	Z	A	V	E	W	Q
P	A	O	Q	V	Q	M	W	Z	G	Ó	R	Z	E	U	K
U	H	A	N	I	L	O	D	J	Z	B	D	E	J	L	W
S	O	W	R	A	B	R	B	E	T	T	N	C	G	K	I
T	L	O	E	Ó	Q	Z	A	Z	Z	B	U	N	Ł	A	G
Y	P	D	Z	D	G	E	G	I	P	W	T	Y	K	N	U
N	B	O	J	N	G	I	N	O	Y	M	X	I	X	C	H
I	Ł	L	E	D	D	U	O	R	Y	W	B	S	R	O	Y
A	N	A	G	L	Ł	B	B	O	F	M	Y	Z	K	Y	Ł
K	R	R	L	O	D	O	W	I	E	C	P	S	G	A	R
H	Z	Ó	Ł	A	P	Ó	Ł	W	Y	S	E	P	P	V	S
X	I	G	Ł	G	W	E	Y	I	Ł	Z	Z	C	Z	A	K

GÓRA
GÓRA LODOWA
RZEKA
GEJZER
LODOWIEC
ZATOKA
PÓŁWYSEP
JASKINIA
WZGÓRZE
WYSPA
MORZE
OAZA
JEZIORO
PLAŻA
BAGNO
DOLINA
TUNDRA
WULKAN
WODOSPAD
PUSTYNIA

40 - Flugzeuge

M	P	F	G	V	T	G	A	W	J	N	I	E	B	O	F
B	A	G	O	Ł	A	Z	T	P	Y	B	U	D	O	W	A
S	S	Q	V	P	Ł	Ł	M	I	L	S	D	D	F	O	K
H	A	K	D	O	G	Z	O	L	U	H	O	G	N	N	G
I	Ż	H	E	G	I	V	S	O	C	W	W	K	C	K	G
S	E	M	D	O	M	S	F	T	N	T	B	P	O	R	O
T	R	I	M	D	Ś	X	E	O	U	K	O	J	H	Ś	J
O	Ó	K	C	A	I	Y	R	R	M	L	P	Z	M	P	Ć
R	D	T	M	Ś	K	R	A	B	Y	S	P	O	B	R	A
I	O	T	K	E	J	O	R	P	A	L	I	W	O	Z	W
A	W	I	M	E	K	E	N	Ł	F	K	Ł	Z	Z	Y	O
B	W	B	J	H	Ł	N	Z	U	J	T	E	F	S	G	G
E	F	Ł	A	J	C	N	E	L	U	B	R	U	T	O	I
X	J	N	S	L	P	O	W	I	E	T	R	Z	E	D	W
L	J	V	A	Y	O	G	V	U	G	E	R	Q	N	A	A
S	I	L	N	I	K	N	V	E	J	U	G	B	R	G	N

PRZYGODA
ZEJŚCIE
ATMOSFERA
BALON
PALIWO
ZAŁOGA
PROJEKT
HISTORIA
NIEBO
WYSOKOŚĆ
BUDOWA
POWIETRZE
SILNIK
NAWIGOWAĆ
PASAŻER
PILOT
ŚMIGŁA
TURBULENCJA
WODÓR
POGODA

41 - Haartypen

P	D	U	C	B	Q	P	J	K	E	N	H	U	D	N	Ł
B	L	Y	R	O	N	T	P	B	I	T	B	V	D	F	S
H	W	E	Ł	I	B	W	O	C	I	P	L	U	P	B	Ł
Q	F	N	C	E	Z	C	O	K	R	A	W	M	L	A	A
Ł	J	O	V	I	R	R	F	R	Y	S	Ł	Y	O	Q	D
Q	P	C	Y	W	O	R	D	Z	H	Y	D	Y	K	M	B
S	T	Ę	W	I	K	N	E	I	C	N	Y	T	I	I	O
T	O	R	B	E	R	S	Y	B	U	R	G	S	J	Ę	L
O	Y	K	E	R	H	Q	W	N	S	A	B	I	L	K	U
K	R	Ó	T	K	I	K	O	J	Q	Z	W	L	Y	K	H
I	A	W	O	L	Z	T	Z	T	P	C	K	A	O	I	K
M	Z	V	T	K	L	B	Ą	F	R	O	Y	F	B	N	L
Y	S	Y	Ł	V	D	W	R	E	C	A	B	D	R	M	D
Z	U	C	D	M	I	S	B	K	O	L	O	R	O	W	E
O	T	J	Z	L	M	X	W	J	D	Ł	U	G	I	E	S
S	Z	M	E	D	Z	Q	W	N	R	B	A	G	Y	O	H

BLOND
BRĄZOWY
GRUBY
CIENKI
KOLOROWE
PLECIONY
ZDROWY
SZARY
ŁYSY
KRÓTKI
DŁUGIE
LOKI
KRĘCONE
CZARNY
SREBRO
SUCHY
MIĘKKI
BIAŁY
FALISTY
WARKOCZE

42 - Essen #1

A	Ł	A	K	W	A	K	S	U	R	T	G	B	F	G	A
Z	F	R	P	S	Y	U	G	P	Y	K	R	F	K	I	X
S	K	A	A	U	Z	Q	X	H	O	O	U	Ł	X	M	T
K	S	C	T	Ł	Z	P	W	O	A	D	S	D	K	Ł	U
G	Ó	H	J	J	D	Q	I	T	O	Z	Z	J	R	E	Ń
B	L	I	Ł	L	Q	B	K	N	N	L	K	Q	S	L	C
X	A	D	A	P	M	A	K	O	A	W	A	K	H	M	Z
L	K	Z	R	Z	E	P	A	M	O	K	E	L	M	H	Y
K	T	U	Y	U	I	G	L	A	S	N	J	Z	L	V	K
N	A	K	M	L	D	Ł	U	N	Ę	M	N	X	X	Q	E
F	Ł	A	U	X	I	C	B	Y	I	U	P	W	H	O	N
C	A	W	Y	U	Z	A	E	C	M	M	G	H	O	I	S
E	S	Ł	Y	S	V	W	C	U	K	I	E	R	B	P	O
L	B	Z	F	P	K	V	L	C	Y	T	R	Y	N	A	Z
M	A	R	C	H	E	W	K	A	D	S	O	K	F	S	C
Y	F	N	N	X	C	S	W	W	V	U	X	G	Y	J	R

BAZYLIA
GRUSZKA
TRUSKAWKA
ARACHID
MIĘSO
KAWA
MARCHEWKA
CZOSNEK
MLEKO
RZEPA
SOK
SAŁATKA
SÓL
SZPINAK
ZUPA
TUŃCZYK
CYNAMON
CYTRYNA
CUKIER
CEBULA

43 - Ethik

I	Y	F	M	I	C	R	Ż	Y	C	Z	L	I	W	Y	G
E	N	A	N	Ć	Ć	I	O	Q	F	Ł	H	W	D	O	A
M	Z	D	P	Ś	Ś	Ć	E	Z	K	W	Y	H	E	P	L
R	C	W	Y	O	O	Ś	T	R	S	Y	A	A	C	T	T
A	Y	S	W	W	W	O	G	A	P	Ą	Q	V	S	Y	R
C	T	P	A	I	I	N	W	J	Q	L	D	H	F	M	U
J	A	Ó	R	C	L	D	S	C	M	X	I	N	P	I	I
O	M	Ł	T	Z	Z	O	U	N	Z	B	M	W	Y	Z	Z
N	O	C	O	C	C	G	D	A	I	D	K	H	O	M	M
A	L	Z	Ś	U	Y	C	V	R	L	U	P	W	J	Ś	Q
L	P	U	C	Y	Ż	E	G	E	A	I	B	Z	V	Ł	Ć
N	Y	C	I	N	V	V	J	L	E	L	Z	O	K	L	N
O	D	I	V	H	P	G	D	O	R	T	N	M	W	U	Z
Ś	H	E	Ł	Ł	E	Z	F	T	M	Ą	D	R	O	Ś	Ć
Ć	Ś	O	K	Z	D	U	L	Z	I	Q	K	P	I	U	S
F	I	L	O	Z	O	F	I	A	U	L	B	P	A	F	Z

ALTRUIZM
DYPLOMATYCZNY
ŻYCZLIWOŚĆ
CIERPLIWOŚĆ
INDYWIDUALIZM
UCZCIWOŚĆ
LUDZKOŚĆ
WSPÓŁCZUCIE
OPTYMIZM
FILOZOFIA
RACJONALNOŚĆ
REALIZM
TOLERANCJA
ROZSĄDNY
MĄDROŚĆ
WARTOŚCI
ŻYCZLIWY
GODNOŚĆ

44 - Gebäude

L	H	U	N	I	W	E	R	S	Y	T	E	T	B	O	T
Ł	O	S	U	V	M	E	Ł	W	B	D	U	P	O	O	X
S	T	B	Z	I	K	R	S	L	K	F	X	P	O	E	Z
G	E	M	F	K	P	Y	Ł	V	J	R	K	X	D	E	Y
A	L	N	J	M	O	A	K	Y	R	B	A	F	M	O	S
R	T	A	E	T	N	Ł	M	K	A	I	B	Y	Q	S	M
A	K	L	J	L	I	Y	A	B	N	O	I	D	A	T	S
Ż	M	J	X	Z	K	V	I	F	A	S	N	K	Ł	O	E
U	A	O	L	A	T	I	P	Z	S	S	A	I	Z	D	H
S	U	P	E	R	M	A	R	K	E	T	A	U	T	O	O
B	H	Q	T	O	I	M	A	N	N	W	M	D	K	Ł	Ł
W	Ł	Z	S	W	R	G	G	S	D	T	U	Q	A	A	W
E	T	P	O	K	Z	N	L	R	V	H	E	T	F	R	I
G	O	Q	H	V	T	V	Y	P	Y	Q	Z	Ł	P	O	E
O	B	S	E	R	W	A	T	O	R	I	U	M	R	F	Ż
L	A	B	O	R	A	T	O	R	I	U	M	O	Y	B	A

AMBASADA
FABRYKA
GARAŻ
DOM
HOSTEL
HOTEL
KABINA
KINO
SZPITAL
LABORATORIUM
MUZEUM
OBSERWATORIUM
STODOŁA
SZKOŁA
STADION
SUPERMARKET
TEATR
WIEŻA
UNIWERSYTET
NAMIOT

45 - Mode

N	W	Ł	W	Z	W	T	K	A	N	I	N	A	M	H	E
O	Y	Z	G	N	L	Y	T	S	C	F	X	Ł	T	B	L
W	R	F	F	G	D	W	G	O	E	A	R	Z	D	Y	E
O	A	D	D	H	K	T	Ł	O	S	E	M	G	R	R	G
C	F	W	R	K	G	R	Z	Q	D	K	Z	S	O	P	A
Z	I	Z	P	J	S	M	D	I	Z	N	R	K	G	Q	N
E	N	Ó	A	R	U	T	S	K	E	T	Y	O	I	E	C
S	O	R	H	Z	O	Y	Z	S	I	F	N	I	M	D	K
N	W	B	H	D	W	S	Q	I	G	A	Z	Q	W	N	I
Y	A	S	U	Ł	Ł	K	T	C	O	H	C	R	D	G	Y
T	N	M	Ł	A	N	I	G	Y	R	O	Y	K	R	A	L
I	Y	T	D	U	Ż	E	I	Z	D	O	T	D	B	F	S
K	O	R	O	N	K	I	E	R	E	U	K	I	T	U	B
C	P	K	U	U	D	N	A	P	I	Y	A	U	O	H	N
T	E	N	D	E	N	C	J	A	N	F	R	B	H	Q	J
L	W	M	C	V	H	T	Ł	V	Q	Q	P	Ł	F	D	P

WYRAFINOWANY
SKROMNY
BUTIK
PROSTY
ELEGANCKI
NIEDROGIE
ODZIEŻ
WYGODNY
NOWOCZESNY
WZÓR
ORYGINAŁ
PRAKTYCZNY
KORONKI
HAFT
STYL
TKANINA
PRZYCISKI
DROGI
TEKSTURA
TENDENCJA

46 - Essen #2

R	M	A	W	Y	K	M	I	G	D	A	Ł	C	S	I	A
B	Y	Z	S	C	Ł	A	K	N	Y	Z	S	H	Z	G	E
X	V	B	Z	J	W	T	R	U	G	O	J	L	P	L	T
B	C	X	A	W	D	S	G	C	X	K	N	E	A	S	F
Q	S	Ż	Y	R	N	E	R	P	Z	Y	V	B	R	S	I
J	A	B	Ł	K	O	R	Z	X	O	O	A	I	A	E	E
W	D	Ł	U	J	Z	A	Y	L	Ł	M	C	Ł	G	L	M
X	A	M	K	A	I	W	B	N	T	J	I	H	Ł	E	V
Y	L	Ł	O	W	I	Ś	N	I	A	F	N	D	G	R	C
U	O	T	R	S	N	J	A	W	V	J	E	I	O	H	K
S	K	P	B	J	G	A	Ż	H	P	J	Z	H	Q	R	K
L	E	Y	F	Q	D	J	A	I	I	Q	S	X	P	Ł	H
Y	Z	M	K	R	T	K	Ł	X	C	M	P	Z	O	E	U
I	C	H	U	P	M	O	K	S	F	E	Q	Ł	O	Z	H
W	L	S	J	V	Ł	E	A	Ł	H	U	C	A	O	H	X
B	A	N	A	N	K	R	B	N	Q	K	Z	F	L	E	Y

JABŁKO
KARCZOCH
BAKŁAŻAN
BANAN
BROKUŁY
CHLEB
JAJKO
RYBA
JOGURT
SER
WIŚNIA
MIGDAŁ
GRZYB
RYŻ
SZYNKA
CZEKOLADA
SELER
SZPARAG
POMIDOR
PSZENICA

47 - Energie

Q	Ł	N	Ł	M	I	E	B	J	S	E	L	S	S	M	J
O	W	I	L	A	P	N	Y	D	Ł	I	B	Y	A	W	Ą
D	T	Z	T	J	U	T	M	Q	O	T	E	X	R	L	D
N	C	C	J	F	X	R	D	X	Ń	M	N	X	J	K	R
A	I	Y	G	U	M	O	O	S	C	T	Z	O	P	K	O
W	E	W	Q	S	T	P	Z	I	E	N	Y	S	T	O	W
I	P	O	Ę	B	K	I	N	L	I	S	N	K	G	O	Y
A	Ł	R	H	G	A	A	G	C	U	E	A	A	B	K	F
L	O	A	Ł	Y	I	T	B	N	P	W	N	I	B	S	U
N	N	P	S	E	A	E	E	O	K	L	I	T	L	I	H
E	C	O	Y	Z	V	T	L	R	P	U	B	T	M	W	U
W	Q	A	M	M	F	Y	W	T	I	M	R	Ó	D	O	W
O	D	I	E	S	E	L	I	K	S	A	U	J	J	D	V
Y	F	F	Z	F	H	U	A	E	I	O	T	Z	B	O	O
D	V	L	R	B	M	R	T	L	O	X	A	Z	J	R	P
H	T	J	P	C	G	Q	R	E	X	D	K	Q	C	Ś	T

BATERIA
BENZYNA
PALIWO
PAROWY
DIESEL
ELEKTRON
ENTROPIA
ODNAWIALNE
CIEPŁO
PRZEMYSŁ
WĘGIEL
SILNIK
JĄDROWY
FOTON
SŁOŃCE
TURBINA
ŚRODOWISKO
WODÓR
WIATR

48 - Familie

S	W	Q	O	Q	D	L	Ł	F	E	Y	G	Ł	E	N	T
G	I	D	Z	I	E	C	I	Ń	S	T	W	O	O	R	V
Y	Y	O	H	W	Ł	W	N	Z	O	N	D	X	H	S	H
Z	I	K	S	Ń	Y	Z	R	E	I	C	A	M	J	I	Ł
O	Y	L	Ł	T	A	Z	A	S	R	M	K	W	D	O	E
O	J	T	E	X	R	K	U	Z	Y	N	T	F	K	S	Q
C	J	C	K	E	D	A	I	Z	D	J	O	N	A	T	O
U	Ł	C	O	D	Z	I	E	C	K	O	I	Q	S	R	E
B	Y	E	I	W	C	Ó	R	K	A	K	C	E	P	Z	H
Z	E	F	W	E	S	B	R	A	T	A	N	E	K	E	P
R	L	A	U	D	C	K	L	Y	B	R	A	T	W	N	R
Q	Z	A	C	J	R	D	I	Q	S	X	P	V	Ł	I	Z
M	Ą	Ż	R	N	H	K	E	J	U	W	N	U	K	C	O
B	O	B	D	Ł	R	J	G	G	O	Ż	O	N	A	A	D
X	W	A	E	B	A	B	C	I	A	K	T	A	M	N	E
R	G	N	Y	K	T	Ł	G	H	K	R	L	A	X	J	K

BRAT
ŻONA
MĄŻ
WNUK
BABCIA
DZIADEK
DZIECKO
DZIECIŃSTWO
MATKA
MACIERZYŃSKI
BRATANEK
SIOSTRZENICA
WUJEK
SIOSTRA
CIOTKA
CÓRKA
OJCIEC
OJCOWSKI
KUZYN
PRZODEK

49 - Pflanzen

Z	P	Q	H	Z	O	G	R	Ó	D	V	P	K	C	B	D
S	Ł	J	A	R	Ł	W	H	C	Z	A	I	W	H	E	N
U	A	W	G	M	O	R	E	S	U	M	N	B	U	J	T
B	T	L	K	J	I	G	O	Z	H	U	X	A	H	D	X
M	E	C	M	T	Z	B	P	H	R	Y	S	B	Z	H	O
A	K	A	Z	R	K	K	Y	P	F	D	N	A	W	Ó	Z
B	R	Ć	I	G	O	A	O	X	G	A	T	T	F	B	K
J	J	Ś	N	G	T	C	Q	A	X	D	A	D	V	L	P
D	B	O	T	A	N	I	K	A	R	O	L	F	L	U	Ł
S	C	N	S	A	T	H	C	E	M	G	O	E	X	S	M
D	E	N	B	F	L	G	Ł	Ś	A	A	S	F	V	Z	T
K	W	I	A	T	M	Y	J	H	I	J	A	E	Y	C	R
H	U	L	Ź	R	Ó	D	Ł	O	K	L	F	Q	R	Z	A
I	D	Ś	N	Q	A	E	X	Z	G	N	X	X	G	L	W
I	J	O	Y	Y	Y	H	Q	Ł	G	W	R	K	U	A	A
J	K	R	K	A	K	T	U	S	F	Z	D	F	X	E	C

BAMBUS
DRZEWO
JAGODA
KWIAT
PŁATEK
FASOLA
BOTANIKA
KRZAK
NAWÓZ
BLUSZCZ
FLORA
OGRÓD
TRAWA
KAKTUS
ZIOŁO
LIŚCI
MECH
ROŚLINNOŚĆ
LAS
ŹRÓDŁO

50 - Kunst

W	B	U	T	B	J	W	Q	I	R	L	C	T	I	F	P
Y	J	B	C	Y	T	S	O	R	P	Z	S	S	R	Y	T
T	A	T	B	Z	J	Ł	Z	L	Q	R	E	U	S	P	G
S	O	T	I	A	C	P	C	O	K	N	K	Ź	C	F	L
I	T	V	N	R	P	I	W	B	B	L	O	V	B	E	I
B	A	W	J	B	C	I	W	M	J	F	W	B	S	A	V
O	M	R	Ó	O	G	X	L	Y	W	R	Y	F	U	O	Z
S	E	O	O	R	E	A	K	S	J	Ó	R	T	S	A	N
O	T	P	U	T	Z	B	P	Ł	E	C	A	S	Z	J	O
E	C	E	R	A	M	I	C	Z	N	Y	Ż	P	I	Z	R
W	I	Z	U	A	L	N	Y	D	S	Y	E	T	Y	E	Y
S	U	R	R	E	A	L	I	Z	M	K	N	X	M	O	G
K	O	M	P	O	Z	Y	C	J	A	O	I	H	T	P	I
Q	F	X	Ć	A	I	W	A	T	S	D	E	Z	R	P	N
Z	A	I	N	S	P	I	R	O	W	A	N	Y	Q	L	A
K	O	M	P	L	E	K	S	Y	I	U	B	L	Y	A	Ł

WYRAŻENIE
UCZCIWY
PROSTY
TEMAT
OBRAZY
ZAINSPIROWANY
CERAMICZNY
KOMPLEKS
ORYGINAŁ
OSOBISTY
POEZJA
PRZEDSTAWIAĆ
STWÓRZ
RZEŹBA
NASTRÓJ
SURREALIZM
SYMBOL
WIZUALNY
KOMPOZYCJA

51 - Gewürze

B	X	V	A	C	T	U	C	Y	K	U	Z	U	S	X	A
I	R	V	L	S	U	F	L	P	Q	Q	G	H	Ł	P	H
S	Ó	L	Z	H	Y	R	M	Q	Ż	C	W	F	O	A	U
L	K	M	I	N	E	K	R	R	O	Y	P	G	D	P	M
M	E	M	K	K	N	M	V	Y	M	N	N	F	K	R	V
U	N	U	S	U	W	P	V	O	K	A	A	A	I	Y	D
I	S	Y	O	H	X	A	P	J	T	M	R	M	E	K	L
Ł	O	A	Ł	I	M	Q	Ś	D	B	O	F	H	I	A	U
P	Z	F	W	Z	Y	C	G	N	P	N	A	X	I	Z	K
X	C	Z	R	P	E	I	P	T	Y	G	Z	W	S	P	R
Ł	G	S	E	S	M	A	K	T	R	X	S	C	U	F	E
N	J	K	P	W	A	N	I	L	I	A	L	U	B	E	C
G	I	U	O	D	X	E	S	P	N	E	S	N	M	V	J
E	H	I	K	Z	R	O	G	G	O	Ź	D	Z	I	K	A
Y	U	Y	G	C	X	U	K	A	R	D	A	M	O	N	R
A	Ł	S	C	E	O	I	M	B	I	R	F	O	S	A	C

ANYŻ
GORZKI
CURRY
KOPER WŁOSKI
SMAK
IMBIR
KARDAMON
CZOSNEK
KMINEK
LUKRECJA
GOŹDZIK
PAPRYKA
PIEPRZ
SZAFRAN
SÓL
KWAŚNY
SŁODKIE
WANILIA
CYNAMON
CEBULA

52 - Kreativität

I	Y	N	Z	C	I	N	A	T	N	O	P	S	W	I	I
N	N	K	H	Ć	Ć	M	Ł	V	D	W	K	O	P	N	N
O	Z	T	I	Ś	Ś	G	Y	Ł	S	Y	M	O	P	T	S
B	C	D	E	O	O	L	E	R	U	R	Y	U	Ł	U	P
S	Y	R	U	N	T	R	T	W	O	A	N	Y	X	I	I
O	T	A	P	T	S	Q	S	T	U	Ż	V	I	Y	C	R
W	S	M	R	Ę	Y	Y	E	A	J	E	O	K	I	J	A
U	Y	A	E	J	Z	I	W	I	Ć	N	A	B	B	A	C
C	T	T	O	E	R	X	V	N	Ś	I	E	R	R	D	J
Z	R	Y	K	I	J	G	Y	Ź	O	E	S	N	U	A	A
U	A	C	C	M	E	B	H	A	N	Ś	W	K	Ł	I	Z
C	J	Z	L	U	Z	J	A	R	N	P	Ć	E	P	C	Z
I	D	N	N	H	R	Y	P	B	Y	G	C	Q	D	U	K
E	B	Y	T	B	P	M	T	O	Ł	I	Q	L	U	Z	K
W	R	A	Ż	E	N	I	E	Y	P	L	X	B	B	C	S
Ł	N	Q	F	A	C	T	Q	W	G	V	I	Y	D	U	A

WYRAŻENIE
OBRAZ
DRAMATYCZNY
WRAŻENIE
UMIEJĘTNOŚĆ
PŁYNNOŚĆ
UCZUCIA
POMYSŁY
INSPIRACJA
INTENSYWNOŚĆ
INTUICJA
PRZEJRZYSTOŚĆ
ARTYSTYCZNY
WYOBRAŹNIA
UCZUCIE
SPONTANICZNY
WIZJE

53 - Geschäft

P	E	L	K	S	M	P	O	B	E	Ł	J	W	F	M	S
T	I	L	R	K	R	Q	S	Ł	F	A	P	S	E	D	P
Z	R	E	P	X	V	X	A	R	E	I	R	A	K	M	R
S	G	A	N	T	X	X	R	H	C	M	A	J	E	E	Z
O	T	H	N	I	U	N	Ł	P	W	O	C	C	B	N	E
K	L	F	S	S	Ą	Z	Y	S	K	N	O	Y	U	E	D
I	F	S	P	W	A	D	Ó	H	C	O	D	T	D	D	A
P	N	Z	I	T	I	K	Z	Y	Z	K	A	S	Ż	Ż	Ż
X	O	R	A	B	A	T	C	E	C	E	W	E	E	E	K
H	J	D	S	X	Y	O	S	J	Y	Ł	C	W	T	R	B
B	Ł	K	A	B	I	U	R	O	A	V	A	N	P	Q	A
Ł	J	F	Ł	T	M	Z	V	Y	J	P	T	I	L	M	T
Y	R	J	N	A	K	Y	R	B	A	F	U	X	M	R	O
I	O	Ł	O	R	A	I	M	Y	Q	Z	L	U	A	L	W
P	R	A	C	O	W	N	I	K	L	S	A	Q	I	Y	A
A	M	F	T	N	F	F	M	K	C	Ł	W	J	X	E	R

PRACODAWCA
BUDŻET
BIURO
DOCHÓD
FABRYKA
PIENIĄDZE
SKLEP
ZYSK
INWESTYCJA
KARIERA
KOSZT
MENEDŻER
PRACOWNIK
RABAT
PODATKI
TRANSAKCJA
SPRZEDAŻ
TOWAR
WALUTA
EKONOMIA

54 - Ingenieurwesen

S	K	S	I	Ł	A	G	V	L	F	D	F	O	I	N	U
T	W	E	U	O	C	S	I	E	D	K	D	Ś	A	W	A
A	H	O	E	A	L	C	O	S	N	Q	R	L	V	T	V
B	Ł	I	Y	M	Z	V	O	E	M	E	E	D	I	I	D
I	B	D	K	Z	T	X	Y	I	S	Ł	R	W	B	C	D
L	J	I	W	S	V	J	I	D	A	U	Y	G	R	P	Y
N	V	A	R	U	T	K	U	R	T	S	K	X	I	V	S
O	B	G	A	A	O	B	L	I	C	Z	E	Ń	T	A	T
Ś	U	R	I	S	I	L	N	I	K	C	E	U	A	D	R
Ć	D	A	M	G	N	N	Z	L	H	E	X	F	R	Ź	Y
X	O	M	O	N	K	D	H	C	M	I	L	C	C	W	B
P	W	M	P	K	R	N	Q	K	N	C	M	G	I	I	U
K	A	Ś	R	E	D	N	I	C	A	A	K	K	E	G	C
Ą	G	Ł	Ę	B	O	K	O	Ś	Ć	U	P	W	V	N	J
T	R	N	P	L	M	A	S	Z	Y	N	A	Ę	G	I	A
N	F	P	H	D	Z	A	J	G	W	U	X	T	D	E	I

OŚ
NAPĘD
OBLICZEŃ
DIAGRAM
DIESEL
ŚREDNICA
ENERGIA
CIECZ
DŹWIGNIE
BUDOWA
MASZYNA
POMIAR
SILNIK
TARCIE
STABILNOŚĆ
SIŁA
STRUKTURA
GŁĘBOKOŚĆ
DYSTRYBUCJA
KĄT

55 - Kaffee

W	P	O	C	H	O	D	Z	E	N	I	E	R	J	M	M
N	O	U	O	E	P	V	C	R	U	Ł	V	V	H	V	I
A	A	D	T	S	J	P	J	V	R	W	W	M	L	O	E
P	N	T	A	M	O	R	A	U	H	G	S	M	A	K	L
Ó	J	W	S	Q	R	E	Z	N	E	O	H	M	H	F	I
J	C	I	E	C	Z	I	C	A	J	R	Z	S	X	I	Ć
L	S	I	W	L	T	K	R	N	B	Z	W	J	F	L	A
T	X	N	B	O	H	U	V	A	Y	K	O	K	M	I	Q
P	Z	E	N	I	Z	C	I	I	N	I	C	W	T	Ż	I
Y	K	R	E	M	G	V	Y	M	R	O	A	I	T	A	O
N	X	X	D	B	X	T	M	D	A	R	W	F	C	N	B
Ś	Q	U	O	R	K	Y	N	O	Z	C	E	I	P	K	Ł
A	Z	O	V	R	Y	S	C	K	C	M	L	L	R	A	R
W	C	O	Z	Ł	Y	E	D	E	E	P	J	T	B	A	B
K	O	F	E	I	N	A	F	L	N	R	M	R	S	H	B
F	F	Q	W	R	I	H	T	M	B	A	N	M	T	C	M

AROMAT
GORZKI
KREM
FILTR
CIECZ
PIECZONY
SMAK
NAPÓJ
KOFEINA
MIELIĆ
MLEKO
RANO
CENA
KWAŚNY
CZARNY
FILIŻANKA
POCHODZENIE
ODMIANA
WODA
CUKIER

56 - Gemüse

E	R	W	P	S	R	S	Ł	P	P	A	N	B	T	K	O
A	K	A	I	N	M	E	I	Z	O	O	J	M	J	O	M
U	V	B	E	A	T	K	Z	O	K	K	M	S	Y	I	H
V	S	L	T	E	N	I	X	G	C	C	S	I	Ł	L	T
Z	I	U	R	E	L	E	S	Ó	A	M	Ł	J	D	R	Z
T	R	Q	U	G	X	O	A	R	A	F	Y	Z	R	O	R
O	S	Z	S	C	Ł	U	K	E	H	C	O	R	G	I	R
Q	O	P	Z	S	Q	D	N	K	X	Z	R	Ł	Ł	F	I
C	L	U	K	A	N	I	P	Z	S	O	M	D	K	A	B
J	K	F	A	K	T	A	Ł	A	S	S	G	F	E	L	M
W	Q	O	A	W	I	P	I	H	C	N	B	R	T	A	I
N	P	L	S	A	E	E	A	N	E	E	S	X	Z	K	Z
Ł	T	I	Y	C	R	Z	E	U	Y	K	Q	S	U	Y	W
A	K	W	E	H	C	R	A	M	J	D	X	C	S	T	B
C	N	A	Ż	A	Ł	K	A	B	B	R	O	K	U	Ł	Y
C	E	B	U	L	A	K	A	R	C	Z	O	C	H	P	N

KARCZOCH
BAKŁAŻAN
KALAFIOR
BROKUŁY
GROCH
OGÓREK
IMBIR
MARCHEWKA
ZIEMNIAK
CZOSNEK

DYNIA
OLIWA
PIETRUSZKA
GRZYB
RZEPA
SAŁATKA
SELER
SZPINAK
POMIDOR
CEBULA

57 - Schönheit

Ł	Ł	N	K	P	G	Ł	A	D	K	I	W	V	W	Y	E
W	A	J	C	N	A	G	E	L	E	Z	Z	P	N	B	L
R	T	S	T	U	S	Z	D	O	R	Z	Ę	S	J	E	E
W	Y	T	K	U	D	O	R	P	L	U	S	T	R	O	G
B	B	H	C	A	P	A	Z	U	R	O	K	P	F	R	A
S	T	Y	L	I	S	T	A	L	O	W	B	M	P	K	N
O	L	E	J	E	G	G	U	Y	L	Z	P	S	S	Q	C
J	N	F	C	F	E	U	G	N	O	P	M	A	Z	S	K
X	H	A	A	K	D	I	Ł	N	K	W	Z	K	M	N	I
U	P	U	L	D	O	N	O	S	O	E	T	O	I	S	U
K	O	S	M	E	T	Y	K	I	U	Ż	L	K	N	K	V
B	V	I	F	L	Q	Z	M	S	P	C	Y	T	K	Ó	I
F	O	T	O	G	E	N	I	C	Z	N	Y	C	A	R	M
L	H	L	O	K	I	B	E	H	W	Ł	A	Y	Z	A	N
S	N	S	V	F	Y	D	Q	H	E	K	A	S	N	K	A
E	B	Z	L	U	C	W	Ł	J	A	H	S	M	P	W	I

ŁASKA
UROK
USŁUGI
ZAPACH
ELEGANCKI
ELEGANCJA
KOLOR
FOTOGENICZNY
GŁADKI
SKÓRA
KOSMETYKI
SZMINKA
LOKI
OLEJE
PRODUKTY
NOŻYCZKI
SZAMPON
LUSTRO
STYLISTA
TUSZ DO RZĘS

58 - Tanzen

Ł	D	O	K	B	O	C	J	S	A	C	T	Y	P	W	O
U	W	K	K	T	S	Q	K	D	K	W	R	X	Y	Ł	G
P	E	M	O	C	J	A	F	W	S	Q	A	V	H	E	M
W	R	Y	K	I	P	K	B	N	A	E	D	T	K	O	W
Y	W	Ó	S	S	R	Y	I	Y	Ł	C	Y	A	S	H	U
R	P	D	B	L	U	Z	A	I	S	Ł	C	O	G	O	F
A	Y	N	L	A	R	U	T	L	U	K	Y	V	T	Ł	P
Z	N	R	B	E	D	M	V	Ł	K	A	J	X	R	A	S
I	S	Y	N	Z	C	Y	S	A	L	K	N	K	U	I	Z
S	O	T	I	O	N	T	W	M	E	A	Y	U	C	C	T
T	D	M	Ł	I	U	K	R	I	L	D	E	L	H	K	U
Y	A	L	P	A	R	T	N	E	R	E	Q	T	X	E	K
A	R	W	I	Z	U	A	L	N	Y	M	Z	U	Z	F	A
G	Y	D	J	L	Z	B	K	H	J	I	Y	R	Ł	H	T
A	B	U	P	I	C	Ł	K	J	M	A	E	A	D	H	I
C	H	O	R	E	O	G	R	A	F	I	A	L	V	H	Z

AKADEMIA
ŁASKA
WYRAZISTY
RUCH
CHOREOGRAFIA
EMOCJA
RADOSNY
POSTAWA
KLASYCZNY
CIAŁO
KULTURA
KULTURALNY
SZTUKA
MUZYKA
PARTNER
PRÓBA
RYTM
SKOK
TRADYCYJNY
WIZUALNY

59 - Ernährung

Ć	Ś	Ę	Z	C	J	U	W	Z	C	C	O	W	Z	Y	T
Z	I	B	D	X	H	A	I	Ł	C	Ł	X	I	D	E	R
R	H	I	R	S	O	S	K	G	Q	P	F	T	R	Q	A
X	R	T	O	O	V	H	R	O	D	J	R	A	O	V	W
B	U	Z	W	M	I	S	H	N	Ś	U	F	M	W	C	I
S	A	R	Y	N	L	A	D	A	J	Ć	A	I	I	E	E
T	O	K	S	Y	N	A	N	A	D	O	P	N	E	B	N
K	A	L	O	R	I	E	W	Y	T	E	E	A	Ł	P	I
F	E	R	M	E	N	T	A	C	J	A	T	E	I	D	E
H	B	A	O	Z	S	K	X	Ł	L	T	Y	G	M	V	J
B	I	A	Ł	K	A	M	A	L	I	I	T	W	P	V	C
U	W	R	P	V	S	H	A	E	D	A	Y	N	A	W	H
Z	I	C	Z	B	O	Ż	A	K	U	L	T	X	K	G	B
W	Ę	G	L	O	W	O	D	A	N	Y	U	B	Z	M	A
T	G	T	C	X	L	X	Z	G	O	R	Z	K	I	I	S
Z	R	Ó	W	N	O	W	A	Ż	O	N	Y	F	Z	B	Ł

APETYT
ZRÓWNOWAŻONY
GORZKI
DIETA
JADALNY
FERMENTACJA
SMAK
ZDROWY
ZDROWIE
ZBOŻA

WAGA
KALORIE
WĘGLOWODANY
CZĘŚĆ
BIAŁKA
JAKOŚĆ
SOS
TOKSYNA
TRAWIENIE
WITAMINA

60 - Länder #1

K	L	T	B	Ł	I	H	V	C	P	H	B	R	J	Y	P
B	A	H	G	B	L	Z	E	W	R	Y	Q	N	C	D	B
R	G	M	I	L	A	M	R	V	P	X	C	P	O	Z	G
A	E	T	B	S	I	H	I	A	K	S	L	O	P	F	G
Z	N	U	L	O	Z	M	T	K	E	W	Ł	O	C	H	Y
Y	E	S	P	E	D	P	K	Y	D	L	N	W	V	A	Ł
L	S	E	M	L	Ł	Ż	A	N	I	E	M	C	Y	I	N
I	D	Z	A	G	K	O	A	N	E	N	F	N	H	N	O
A	M	Q	N	I	R	L	T	P	I	G	E	H	C	I	R
W	R	I	T	W	L	P	O	A	D	A	N	A	K	K	W
T	T	R	E	A	N	G	L	I	N	W	I	K	G	A	E
O	B	A	I	D	N	A	L	N	I	F	S	Q	B	R	G
Ł	P	K	W	E	N	E	Z	U	E	L	A	Y	U	A	I
I	K	I	U	L	R	Q	H	M	Q	Y	P	Ł	W	G	A
T	B	D	B	H	M	X	L	U	F	Z	S	B	Q	U	K
W	K	L	H	U	A	B	G	R	K	A	Y	I	Z	A	L

EGIPT
BRAZYLIA
NIEMCY
FINLANDIA
INDIE
IRAK
IZRAEL
WŁOCHY
KAMBODŻA
KANADA
ŁOTWA
MALI
NIKARAGUA
NORWEGIA
POLSKA
RUMUNIA
SENEGAL
HISZPANIA
WENEZUELA
WIETNAM

61 - Science Fiction

S	U	W	I	T	R	N	W	N	U	U	R	Q	G	V	P
C	T	T	E	C	H	N	O	L	O	G	I	A	R	B	J
E	O	B	Y	Y	Z	C	I	N	M	E	J	A	T	Z	L
N	P	N	E	I	F	M	U	N	W	S	Y	F	F	K	W
A	I	K	Ż	Ą	I	S	K	B	G	D	Y	U	A	R	Y
R	A	S	I	A	B	I	A	M	Y	I	M	T	N	O	R
I	V	A	W	B	K	I	I	A	O	W	G	U	T	B	O
U	Y	N	Z	C	Y	T	S	I	L	A	E	R	A	O	C
S	N	P	T	E	M	B	R	P	O	T	Y	Y	S	T	Z
Z	J	F	P	T	Ł	I	L	O	G	E	G	S	T	Y	N
G	A	I	L	U	Z	J	A	T	I	N	O	T	Y	J	I
G	R	Ś	W	I	A	T	S	S	E	A	Ł	Y	C	T	A
S	K	W	A	J	M	X	L	Y	Ń	L	Y	C	Z	X	R
C	S	K	I	N	O	P	F	D	Z	P	P	Z	N	E	Ł
G	A	L	A	K	T	Y	K	A	E	S	D	N	Y	O	Y
H	Y	N	A	W	O	N	I	G	A	M	I	Y	W	Q	K

KSIĄŻKI
DYSTOPIA
WYBUCH
SKRAJNY
FANTASTYCZNY
OGIEŃ
FUTURYSTYCZNY
GALAKTYKA
TAJEMNICZY
ILUZJA
WYIMAGINOWANY
KINO
WYROCZNIA
PLANETA
REALISTYCZNY
ROBOTY
SCENARIUSZ
TECHNOLOGIA
UTOPIA
ŚWIAT

62 - Literatur

F	L	D	A	G	I	B	J	A	Ł	A	H	Ł	S	D	P
Ł	O	V	H	N	G	Z	Q	Q	N	G	F	V	Z	M	O
H	O	I	Ć	Ś	E	I	W	O	P	A	X	I	A	N	R
I	U	I	Z	O	S	G	Y	E	M	Q	L	L	H	R	Ó
V	E	Y	J	Ł	V	J	D	B	M	E	E	I	D	M	W
P	O	E	T	Y	C	K	I	O	Y	Q	T	Z	Z	Ł	N
Y	Z	E	A	J	C	K	I	F	T	A	M	E	T	A	A
Q	P	L	I	U	Q	R	J	E	S	A	Y	C	S	T	N
L	C	K	F	M	T	P	T	L	U	A	R	O	A	C	I
B	M	E	A	B	D	O	T	R	A	G	E	D	I	A	E
J	Z	S	R	E	I	W	R	D	I	A	L	O	G	R	Q
U	U	O	G	N	A	R	R	A	T	O	R	K	O	Y	B
R	B	I	O	L	I	Q	C	V	W	A	C	Ł	L	T	O
J	H	N	I	B	F	Q	O	G	V	J	P	S	A	M	P
U	F	W	B	Ł	D	G	J	W	V	S	H	Ł	N	J	I
S	T	Y	L	M	E	T	A	F	O	R	A	I	A	G	S

ANALOGIA
ANALIZA
ANEGDOTA
AUTOR
OPIS
BIOGRAFIA
DIALOG
NARRATOR
FIKCJA
WIERSZ
METAFORA
POETYCKI
RYM
RYTM
POWIEŚĆ
WNIOSEK
STYL
TEMAT
TRAGEDIA
PORÓWNANIE

63 - Wandern

K	K	P	R	Z	E	W	O	D	N	I	K	I	N	Ł	Ł
F	L	P	G	R	N	O	R	I	E	N	T	A	C	J	A
O	I	W	S	S	A	T	V	X	M	X	U	D	O	Ł	M
U	M	L	T	Z	T	B	Z	B	B	A	D	O	G	O	P
R	A	F	K	C	U	Y	U	W	M	D	P	R	X	Ł	Ł
W	T	C	W	Z	R	Z	R	T	R	A	Ł	A	V	V	U
O	Q	E	R	Y	A	C	U	G	Y	I	K	Ż	Ę	I	C
D	R	T	W	T	K	E	M	P	I	N	G	J	Z	X	N
A	C	G	W	T	H	C	E	I	N	E	I	M	A	K	Q
Q	T	Z	Y	F	H	Ń	P	A	V	Ż	B	T	N	U	T
K	F	M	V	K	Q	O	Ł	Y	N	O	Z	C	Ę	M	Z
J	M	J	I	I	L	Ł	O	A	T	R	Q	Q	E	I	I
A	F	Y	B	A	B	S	K	E	R	G	D	Z	I	K	I
Z	W	I	E	R	Z	Ą	T	Q	Z	A	T	O	K	X	Y
Z	W	O	Q	Ó	B	D	L	L	S	Z	U	S	Ł	V	M
P	R	Z	Y	G	O	T	O	W	A	N	I	E	F	Y	Q

GÓRA
KEMPING
PRZEWODNIKI
ZAGROŻENIA
SZCZYT
MAPA
KLIMAT
KLIF
ZMĘCZONY
NATURA
ORIENTACJA
CIĘŻKI
SŁOŃCE
KAMIENIE
BUTY
ZWIERZĄT
PRZYGOTOWANIE
WODA
POGODA
DZIKI

64 - Globale Erwärmung

F	K	A	C	V	D	R	S	Y	K	R	O	Z	W	Ó	J
N	J	I	O	A	W	L	I	R	Ś	L	S	U	E	Y	T
J	L	G	B	T	F	W	E	F	R	P	I	D	J	P	E
B	K	R	Y	Z	Y	S	D	A	O	R	A	M	C	V	M
S	P	E	Y	A	C	B	L	E	D	Z	X	O	A	B	P
W	M	N	D	R	V	D	I	K	O	E	W	G	L	T	E
V	R	E	M	E	Ł	S	S	O	W	M	R	P	U	E	R
V	Y	W	V	T	T	F	K	R	I	Y	Z	I	P	Q	A
Y	Y	V	Y	H	L	E	A	F	S	S	Ą	P	O	Ł	T
A	R	K	T	Y	C	Z	N	Y	K	Ł	D	R	P	K	U
G	T	F	T	G	R	E	X	A	O	B	T	B	F	D	R
A	A	N	A	A	U	Y	K	O	D	I	F	J	Q	I	Y
W	E	T	W	Z	U	N	A	U	K	O	W	I	E	C	L
U	U	S	T	A	W	O	D	A	W	S	T	W	O	K	S
P	R	Z	Y	S	Z	Ł	O	Ś	Ć	B	P	B	I	U	Ł
Z	I	T	W	P	O	K	O	L	E	N	I	A	I	Q	E

ARKTYCZNY
UWAGA
POPULACJE
DANE
ENERGIA
ROZWÓJ
GAZ
POKOLENIA
USTAWODAWSTWO
PRZEMYSŁ
TERAZ
KLIMAT
KRYZYS
SIEDLISKA
RZĄD
TEMPERATURY
ŚRODOWISKO
NAUKOWIEC
PRZYSZŁOŚĆ

65 - Länder #2

J	U	S	M	V	I	C	B	Q	S	T	H	Ł	Z	H	E
U	A	G	C	A	I	R	Y	S	M	Y	X	F	X	A	T
K	J	P	A	Ł	B	R	L	O	N	A	Z	B	S	I	I
R	C	X	O	N	M	L	A	A	J	C	E	R	G	T	O
A	N	E	P	N	D	S	P	L	N	V	R	K	C	I	P
I	A	J	Ł	E	I	A	E	R	I	D	K	V	R	R	I
N	R	O	T	V	P	A	N	L	P	Y	I	Ł	W	S	A
A	F	E	J	G	E	N	X	I	U	R	E	A	N	E	T
P	A	K	I	S	T	A	N	B	K	I	V	Z	Ł	I	Y
S	I	W	W	N	O	T	R	E	Y	P	X	V	X	U	R
W	N	N	Q	P	Ł	P	Z	R	S	U	D	A	N	R	O
J	A	M	A	J	K	A	Q	I	K	P	U	S	X	B	S
Ł	B	X	L	W	Q	N	E	A	E	K	E	N	I	A	J
D	L	N	I	G	E	R	I	A	M	S	D	Q	A	T	A
F	A	F	F	V	H	S	T	S	I	B	Y	H	T	A	R
H	Ł	Q	I	K	R	P	S	L	O	I	B	M	W	W	Q

ALBANIA
ETIOPIA
FRANCJA
GRECJA
HAITI
IRLANDIA
JAMAJKA
JAPONIA
KENIA
LAOS
LIBERIA
MEKSYK
NEPAL
NIGERIA
PAKISTAN
ROSJA
SUDAN
SYRIA
UGANDA
UKRAINA

66 - Fahrzeuge

N	U	E	Q	J	P	O	T	J	L	P	Q	L	H	S	W
P	I	P	L	Z	R	E	T	U	K	S	Z	V	R	L	G
Ł	N	Ł	K	R	O	T	P	R	O	M	J	U	X	I	R
Ó	M	T	C	P	W	R	Ł	G	N	P	H	O	E	N	N
D	B	J	A	G	E	A	K	W	Ó	R	A	Ż	Ę	I	C
Ź	D	Ó	Ł	X	R	T	T	A	M	E	T	R	O	Ł	A
P	Ś	C	M	K	I	W	Y	E	U	Ł	H	H	Y	M	M
O	M	Ł	A	K	K	A	E	Y	I	T	X	A	N	L	B
D	I	C	I	Ą	G	N	I	K	Ł	K	O	V	X	X	U
W	G	P	X	W	N	A	B	I	Ł	V	A	B	N	R	L
O	Ł	O	O	F	M	W	Y	N	O	P	O	R	U	E	A
D	O	C	E	W	P	A	M	L	S	Y	B	U	K	S	N
N	W	I	A	I	C	R	Q	I	Y	O	A	G	W	K	S
A	I	Ą	Ł	S	G	A	M	S	D	Q	Z	W	B	Ł	T
F	E	G	G	X	D	K	K	K	S	A	M	O	L	O	T
B	C	S	A	M	O	C	H	Ó	D	J	T	G	O	Ł	T

SAMOCHÓD
ŁÓDŹ
AUTOBUS
ROWER
PROM
TRATWA
SAMOLOT
ŚMIGŁOWIEC
AMBULANS
CIĘŻARÓWKA
SILNIK
RAKIETA
OPONY
SKUTER
TAXI
CIĄGNIK
METRO
ŁÓDŹ PODWODNA
KARAWANA
POCIĄG

67 - Musikinstrumente

O	C	Ł	B	Ł	Y	E	X	M	I	D	P	P	I	C	P
W	B	T	R	Ą	B	K	A	A	E	F	T	Q	S	K	E
Z	G	Ó	N	T	X	W	S	N	N	L	N	Y	A	F	R
H	A	J	J	U	Ł	K	E	D	C	U	V	X	K	S	K
X	U	E	C	Ł	N	G	C	O	T	Z	A	S	S	Z	U
F	V	N	R	U	Y	C	A	L	I	U	L	F	O	K	S
K	A	B	M	I	R	A	M	I	T	T	E	L	F	W	J
L	K	G	V	W	U	F	J	N	L	R	Z	N	O	P	A
A	J	N	O	S	B	R	I	A	R	W	C	W	N	Ł	K
R	I	O	I	T	M	A	P	I	U	U	N	E	B	Ę	B
N	N	G	I	U	A	H	L	I	I	Q	O	C	W	R	B
E	O	F	E	Y	T	N	I	O	A	E	L	A	E	F	A
T	M	O	N	X	E	W	D	X	P	N	O	Z	U	P	N
T	R	J	T	L	D	D	D	I	N	F	I	P	Q	U	J
M	A	R	A	T	I	G	S	D	M	Z	W	N	Q	J	O
G	H	M	S	K	R	Z	Y	P	C	E	K	Z	O	X	O

BANJO
WIOLONCZELA
FAGOT
FLET
SKRZYPCE
GITARA
GONG
HARFA
KLARNET
PIANINO
MANDOLINA
MARIMBA
HARMONIJKA
OBÓJ
PUZON
SAKSOFON
PERKUSJA
TAMBURYN
BĘBEN
TRĄBKA

68 - Blumen

S	P	I	W	O	N	I	A	Ż	Ó	R	X	J	J	X	P
U	Ł	G	A	R	I	J	I	B	Z	I	U	X	A	J	A
K	L	O	D	H	Ł	B	L	F	Y	S	C	C	Ś	I	S
S	I	H	N	D	J	A	I	L	O	N	G	A	M	W	S
I	L	R	E	E	J	R	L	Q	P	R	K	F	I	O	I
B	I	R	W	J	C	A	K	G	K	Ł	C	A	N	R	O
I	O	X	A	V	E	Z	F	P	F	O	A	K	B	O	N
H	W	Z	L	U	Z	S	N	A	A	R	F	T	I	X	F
G	Y	B	U	K	I	E	T	I	S	C	M	O	E	Q	L
N	A	P	I	L	U	T	S	R	K	H	A	R	V	K	O
Ł	Ł	R	R	G	I	T	N	E	K	I	K	K	T	C	W
L	N	V	D	X	Ł	F	Y	M	D	D	L	O	Y	Ł	E
O	F	U	N	E	O	A	Y	U	U	E	L	T	B	S	R
U	R	E	H	P	N	J	U	L	F	A	S	S	M	Y	R
R	F	S	Ł	Y	N	I	N	P	S	Y	J	H	Q	E	H
N	F	G	S	R	M	U	A	N	Y	Z	C	I	N	O	K

PŁATEK
GARDENIA
STOKROTKA
HIBISKUS
JAŚMIN
KONICZYNA
LAWENDA
LILIOWY
LILIA
MAGNOLIA
MAK
ORCHIDEA
PASSIONFLOWER
PIWONIA
PLUMERIA
RÓŻA
SŁONECZNIK
BUKIET
TULIPAN

69 - Natur

Z	V	V	T	R	O	P	I	K	A	L	N	Y	H	Z	I
C	W	P	U	S	T	Y	N	I	A	P	S	H	W	O	S
O	Z	I	X	Z	Q	P	O	Z	U	S	M	T	J	V	T
D	Z	C	E	N	I	X	Z	D	Q	Z	U	G	C	T	O
Z	Y	Ś	T	R	T	K	R	I	R	C	I	A	Ł	O	T
I	N	I	S	O	Z	V	H	L	S	Z	R	F	B	A	N
K	Z	L	N	B	I	Ą	P	R	Ł	O	A	H	G	U	E
I	C	Q	B	B	I	P	T	S	Q	Ł	U	Ł	Y	Y	P
D	Y	N	A	M	I	C	Z	N	Y	Y	T	G	Ó	R	Y
W	T	R	H	J	A	E	Y	N	J	O	K	O	P	S	U
L	K	E	J	L	J	I	Y	N	N	F	N	O	H	Z	I
P	R	H	F	U	Ł	W	F	P	L	Ł	A	B	Z	W	R
Q	A	N	J	O	K	O	P	S	M	I	S	Y	X	N	L
E	R	O	Z	J	A	D	K	U	V	G	S	S	Z	Z	A
G	J	S	O	A	I	O	N	K	Ę	I	P	S	N	W	S
R	Z	E	K	A	H	L	H	T	Z	Y	S	D	W	F	S

ARKTYCZNY
GÓRY
PSZCZOŁY
DYNAMICZNY
EROZJA
RZEKA
SPOKOJNA
LODOWIEC
SANKTUARIUM
SPOKOJNY
LIŚCI
ISTOTNE
MGŁA
PIĘKNO
ZWIERZĄT
TROPIKALNY
LAS
DZIKI
PUSTYNIA

70 - Urlaub #2

P	L	T	I	Q	Ł	R	B	C	B	P	Q	B	M	U	F
A	O	K	R	Ł	T	X	K	S	J	T	A	X	I	E	G
S	T	E	Z	A	R	E	S	T	A	U	R	A	C	J	A
Z	N	M	A	D	N	P	O	O	K	Y	V	W	E	C	S
P	I	P	G	B	J	S	O	W	I	Z	A	Y	I	A	U
O	S	I	R	J	P	G	P	D	Z	C	H	P	M	K	W
R	K	N	A	W	I	Q	M	O	R	B	V	O	E	A	X
T	O	G	N	J	T	E	A	Y	R	Ó	G	C	I	W	Z
J	G	Ą	I	C	O	P	P	Ł	S	T	Ż	Z	Z	C	T
B	S	H	C	H	T	F	A	J	B	Q	V	Y	O	S	Ł
J	X	E	Z	R	O	M	O	H	W	P	F	N	Z	O	W
G	V	U	N	W	Y	S	P	A	D	L	E	E	D	P	B
K	Q	B	Y	S	O	N	N	B	Q	A	E	K	U	O	B
Ł	F	U	E	V	B	P	H	V	W	Ż	I	T	C	O	L
N	A	M	I	O	T	K	O	J	Ł	A	B	H	O	U	G
L	A	S	H	Ł	P	K	Q	W	N	M	R	X	W	H	G

CUDZOZIEMIEC
ZAGRANICZNY
GÓRY
KEMPING
LOTNISKO
WYPOCZYNEK
HOTEL
WYSPA
MAPA
MORZE
PASZPORT
PODRÓŻ
RESTAURACJA
PLAŻA
TAXI
TRANSPORT
WAKACJE
WIZA
NAMIOT
POCIĄG

71 - Barbecues

T	Q	E	Q	P	O	V	B	B	X	C	O	C	Y	G	G
G	D	L	V	R	B	J	N	U	B	G	D	R	U	O	T
T	D	Ł	E	Z	I	R	I	X	J	Ł	Ł	L	W	R	T
F	Q	G	I	Y	A	Ł	K	U	R	C	Z	A	K	Ą	C
F	A	Z	N	J	D	X	A	L	G	V	R	L	U	C	C
M	A	Q	A	A	W	Y	Z	R	A	W	P	F	Ł	Y	E
I	Y	U	W	C	X	R	L	O	R	H	E	G	Ł	Ó	D
L	A	T	O	I	O	G	O	D	F	R	I	E	D	K	K
L	Ó	S	T	E	V	L	M	Z	O	B	P	Y	C	H	B
I	R	S	O	L	J	L	M	I	E	W	H	Z	K	F	G
R	G	O	G	E	F	U	P	N	C	R	O	W	S	N	W
G	J	S	M	Q	W	L	P	A	L	E	Ł	C	F	Ł	B
P	P	W	T	Q	Z	P	K	E	E	Ż	I	P	C	L	C
M	U	Z	Y	K	A	B	J	S	D	O	C	Z	R	A	P
S	A	Ł	A	T	K	I	S	F	I	N	G	Z	D	T	P
H	Q	Y	U	L	V	J	S	P	W	D	H	N	J	E	A

OBIAD
RODZINA
PRZYJACIELE
OWOC
WIDELCE
WARZYWA
GRILL
GORĄCY
KURCZAK
GŁÓD

DZIECI
GOTOWANIE
NOŻE
MUZYKA
PIEPRZ
SAŁATKI
SÓL
LATO
SOS
GRY

72 - Küche

E	T	D	D	W	M	I	K	Z	C	E	Ł	A	P	N	Ż
E	H	G	I	P	R	V	G	H	H	Ż	Q	Ł	R	F	Y
S	E	R	W	E	T	K	A	Q	O	O	M	O	Z	Z	W
G	M	X	P	C	O	A	M	V	C	N	Ł	G	E	V	N
Ł	R	N	Ł	I	Z	G	K	P	H	O	F	M	P	Y	O
B	I	I	D	K	E	A	F	Y	L	H	C	W	I	T	Ś
W	D	L	L	D	E	K	J	Z	A	R	W	I	S	I	Ć
E	N	O	J	L	M	T	A	N	D	I	N	D	K	H	V
G	G	D	Ł	Y	Ż	K	I	R	I	J	D	E	C	Y	R
V	E	Ó	K	U	B	K	I	T	N	K	G	L	G	S	G
R	H	W	F	A	R	T	U	C	H	I	V	C	A	Q	I
X	W	K	E	N	A	B	Z	D	E	X	K	E	T	R	G
K	I	A	Z	A	M	R	A	Ż	A	R	K	A	I	X	Ą
Z	M	I	S	K	A	C	J	F	D	Ł	H	D	R	W	B
R	S	O	G	J	H	O	Q	I	L	A	I	P	Y	Z	K
P	R	Z	Y	P	R	A	W	Y	F	I	X	P	V	E	A

ŻYWNOŚĆ
PAŁECZKI
WIDELCE
ZAMRAŻARKA
PRZYPRAWY
GRILL
CHOCHLA
DZBANEK
LODÓWKA
ŁYŻKI
NOŻE
PIEKARNIK
PRZEPIS
FARTUCH
MISKA
GĄBKA
SERWETKA
KUBKI
CZAJNIK

73 - Geographie

O	A	R	W	T	I	K	N	H	Z	W	G	P	T	Z	L
Q	C	N	Ó	Y	J	P	I	K	D	Y	A	Ó	K	A	M
U	N	X	C	W	P	F	J	E	V	S	I	Ł	O	C	L
A	Z	C	R	L	N	A	E	C	O	O	Ł	N	N	H	L
D	D	H	M	N	O	I	G	E	R	K	D	O	T	Ó	R
Ł	D	A	T	L	A	S	K	Z	X	O	G	C	Y	D	K
M	U	I	R	O	T	Y	R	E	T	Ś	L	A	N	B	A
A	B	Q	E	Ó	Ł	F	F	Z	V	Ć	O	Ł	E	A	W
I	Y	E	Ł	Ł	G	K	N	R	X	I	B	D	N	I	T
E	N	P	M	I	A	S	T	O	K	M	U	U	T	X	D
F	M	Z	V	E	S	L	Z	M	E	M	S	Z	J	W	U
Q	F	M	F	J	Q	W	I	Ś	L	T	A	Z	A	S	A
U	J	A	R	K	C	P	N	N	W	I	H	Y	W	E	H
S	I	P	R	Z	E	K	A	Ł	S	I	Y	X	N	X	S
E	S	A	P	O	Ł	U	D	N	I	K	A	C	R	J	O
W	Y	S	P	A	P	Ó	Ł	K	U	L	A	T	Q	T	H

ATLAS
RÓWNIK
GÓRA
RZEKA
TERYTORIUM
GLOBUS
PÓŁKULA
WYSOKOŚĆ
WYSPA
MAPA
KONTYNENT
KRAJ
MORZE
POŁUDNIK
PÓŁNOC
OCEAN
REGION
MIASTO
ŚWIAT
ZACHÓD

74 - Zahlen

C	I	C	Z	G	Z	Ł	E	I	P	H	I	K	D	M	P
X	Z	Z	Ł	E	I	C	Ś	A	N	M	E	D	E	I	S
S	P	T	P	X	R	Ł	H	S	V	W	T	D	O	D	C
I	I	M	E	I	S	O	P	R	W	O	R	Z	S	W	Z
E	Ę	D	I	R	P	S	B	I	E	B	Z	I	I	A	T
D	T	W	C	Y	Y	Z	R	T	Ę	E	Y	E	E	D	E
E	N	A	Ś	R	N	E	D	E	J	Ć	N	S	M	Z	R
M	A	Y	A	I	T	I	D	U	X	Ę	A	I	N	I	N
Q	Ś	D	N	E	Ę	X	V	B	F	I	Ś	Ę	A	E	A
D	C	Q	S	R	I	O	I	O	U	W	C	Ć	Ś	Ś	Ś
C	I	C	E	F	S	R	C	I	W	E	I	F	C	C	C
I	E	U	Z	S	E	K	D	Q	N	I	E	X	I	I	I
I	P	L	S	L	I	J	S	T	Y	Z	R	X	E	A	E
G	M	Y	Ł	I	Z	T	P	T	Z	D	L	N	R	R	W
O	Z	Q	T	M	D	Y	B	Q	S	Z	E	Ś	Ć	H	X
D	W	A	N	A	Ś	C	I	E	G	J	Q	Z	J	Q	J

OSIEM
OSIEMNAŚCIE
DZIESIĘTNY
TRZY
TRZYNAŚCIE
JEDEN
PIĘĆ
PIĘTNAŚCIE
DZIEWIĘĆ
ZERO
SZEŚĆ
SZESNAŚCIE
SIEDEM
SIEDEMNAŚCIE
CZTERY
CZTERNAŚCIE
DZIESIĘĆ
DWADZIEŚCIA
DWA
DWANAŚCIE

75 - Tage und Monate

Ś	R	O	D	A	G	N	L	B	J	G	A	X	L	E	Y
Q	A	V	E	N	Q	N	H	T	F	C	T	F	U	Ł	C
Z	V	Q	B	N	P	A	Z	W	H	L	U	Z	T	S	F
H	K	I	N	R	E	I	Z	D	Ź	A	P	Y	Y	O	U
Ń	E	I	P	R	E	I	S	K	J	D	K	E	N	B	V
Z	Ł	Y	X	C	H	O	J	P	D	L	F	G	N	O	L
I	A	O	H	Z	K	S	D	Ł	L	X	F	A	U	T	W
K	I	X	D	Ł	L	Ń	E	I	Z	D	U	R	G	A	T
C	Z	W	A	R	T	E	K	E	T	Ą	I	P	B	B	O
Ą	D	Q	P	Y	S	Z	R	A	D	N	E	L	A	K	R
I	E	G	O	T	O	C	E	I	W	R	E	Z	C	M	E
S	I	X	T	R	H	Y	E	U	F	D	K	G	R	L	K
E	N	S	S	O	L	T	N	I	E	D	Z	I	E	L	A
I	O	N	I	K	D	S	Y	V	P	Q	C	V	Y	W	R
M	P	R	L	C	J	D	I	Ń	E	I	Z	D	Y	T	U
W	R	Z	E	S	I	E	Ń	E	R	R	L	H	L	U	Q

SIERPIEŃ
GRUDZIEŃ
WTOREK
CZWARTEK
LUTY
PIĄTEK
ROK
STYCZEŃ
LIPIEC
CZERWIEC
KALENDARZ
ŚRODA
MIESIĄC
PONIEDZIAŁEK
LISTOPAD
PAŹDZIERNIK
SOBOTA
WRZESIEŃ
NIEDZIELA
TYDZIEŃ

76 - Zu Füllen

Y	H	C	L	T	U	Y	J	T	E	P	W	B	P	H	I
W	Ł	H	Y	Y	T	B	N	Z	Y	R	I	R	H	A	J
I	M	F	D	Y	O	V	A	T	F	U	A	B	R	O	T
G	A	I	N	Y	Z	R	K	S	V	R	D	B	D	R	K
M	N	W	V	C	E	U	Z	Y	E	A	R	P	S	E	T
G	P	A	U	H	Y	F	I	T	F	N	O	U	N	C	B
P	P	N	D	Ł	F	G	L	H	B	H	X	Y	I	Q	U
W	A	N	P	R	O	H	A	D	A	L	F	U	Z	S	T
W	K	A	I	M	X	O	W	W	I	K	I	O	Ł	S	E
A	I	H	T	A	C	A	T	R	E	P	O	K	R	F	L
Z	E	Z	H	K	Ł	A	Ł	F	U	I	Q	S	F	X	K
O	T	E	R	Z	K	Q	B	O	U	M	X	M	Z	R	A
N	A	E	A	C	S	H	B	L	P	U	D	E	Ł	K	O
M	O	L	U	E	X	E	O	D	K	A	R	T	O	N	T
U	X	W	F	B	C	K	F	E	I	N	Y	Z	C	A	N
B	T	S	Q	O	H	C	N	R	C	O	Ł	P	D	B	Y

BASEN
PUDEŁKO
WIADRO
BECZKA
BUTELKA
KARTON
SKRZYNIA
WALIZKA
KOSZ
SŁOIK
FOLDER
PAKIET
RURA
NACZYNIE
SZUFLADA
TACA
TORBA
KOPERTA
WAZON
WANNA

77 - Das Unternehmen

R	Ś	Ł	Z	L	W	R	K	D	J	R	W	X	P	C	P
M	Y	W	P	O	Q	P	P	C	E	Ł	Y	R	R	Y	D
J	M	Z	I	M	Y	Ę	Y	K	D	M	N	M	O	V	P
N	K	N	Y	A	X	T	B	R	N	P	A	T	F	Z	R
E	Ł	Q	K	K	T	S	O	D	O	R	G	X	E	A	E
I	L	U	K	Q	A	O	I	Ł	S	O	R	M	S	S	Z
N	N	M	Ć	G	E	P	W	S	T	D	O	O	J	O	E
E	Q	N	Ś	M	B	T	O	Y	K	U	D	Ż	O	B	N
I	W	F	O	V	J	D	W	M	I	K	Z	L	N	Y	T
N	A	V	K	W	O	A	A	E	C	T	E	I	A	D	A
D	S	M	A	H	A	E	N	Z	N	M	N	W	L	E	C
U	V	X	J	L	T	C	E	R	U	L	I	O	N	C	J
R	B	I	Z	N	E	S	Y	P	V	X	E	Ś	Y	Y	A
T	T	W	Ó	R	C	Z	Y	J	T	K	Q	Ć	R	Z	K
A	P	R	Z	Y	C	H	Ó	D	N	P	J	H	L	J	Z
Z	R	E	P	U	T	A	C	J	A	Y	O	W	J	A	X

ZATRUDNIENIE
JEDNOSTKI
PRZYCHÓD
DECYZJA
POSTĘP
BIZNES
ŚWIATOWY
PRZEMYSŁ
INNOWACYJNY
TWÓRCZY
WYNAGRODZENIE
MOŻLIWOŚĆ
PREZENTACJA
PRODUKT
PROFESJONALNY
JAKOŚĆ
ZASOBY
RYZYKA
REPUTACJA

78 - Kräuterkunde

A	R	O	M	A	T	Y	C	Z	N	Y	M	T	V	G	A
K	O	P	E	R	K	O	R	Z	Y	S	T	N	Y	T	Ł
K	A	C	T	N	Q	D	O	A	W	H	A	Y	K	K	A
U	C	M	M	Y	F	T	O	G	V	B	I	R	J	Ł	W
L	Z	T	S	M	M	L	P	G	J	I	W	A	L	F	S
I	O	W	D	U	E	I	P	B	A	D	K	M	D	W	I
N	S	F	K	I	N	D	A	Ł	K	S	Z	Z	M	Ł	V
A	N	A	R	F	A	Z	S	N	W	Ć	Ś	O	K	A	J
R	E	A	K	Z	S	U	R	T	E	I	P	R	I	I	Ł
N	K	E	N	A	R	E	J	A	M	K	D	U	O	L	Z
Y	P	R	Q	J	D	Ó	R	G	O	B	T	F	O	Y	I
S	S	C	B	C	E	N	O	G	A	R	T	S	E	Z	E
Z	O	J	B	F	Y	J	E	R	R	U	K	H	O	A	L
G	L	V	I	K	S	O	Ł	W	R	E	P	O	K	B	O
Z	H	F	E	T	N	G	S	D	A	R	L	U	I	R	N
E	K	Q	H	Q	M	N	G	Ł	Z	L	M	J	V	Ł	Y

AROMATYCZNY
BAZYLIA
KWIAT
KOPER
ESTRAGON
KOPER WŁOSKI
OGRÓD
SMAK
ZIELONY
CZOSNEK
KULINARNY
LAWENDA
MAJERANEK
PIETRUSZKA
JAKOŚĆ
ROZMARYN
SZAFRAN
TYMIANEK
KORZYSTNY
SKŁADNIK

79 - Aktivitäten und Freizeit

Q	Ł	Q	Q	B	G	F	Ł	Q	I	Z	M	F	X	Z	U
F	C	E	I	N	A	W	Y	Ł	P	T	A	H	D	E	T
W	H	I	T	Y	N	G	N	Y	H	H	E	K	I	U	J
S	H	N	V	M	O	K	S	Ł	E	Q	E	E	U	B	Y
S	I	A	T	K	Ó	W	K	A	K	U	T	Z	S	P	N
T	K	W	X	P	M	R	T	I	A	K	O	R	I	O	Y
E	W	O	Z	I	A	K	N	S	S	U	R	F	I	N	G
N	Y	K	B	Ł	L	O	E	Q	R	L	O	L	T	C	N
I	Ś	R	F	K	A	S	K	J	O	A	B	O	T	P	I
S	C	U	Y	A	R	Z	H	G	O	J	K	G	O	E	P
C	I	N	U	N	S	Y	D	U	O	Y	N	D	U	G	M
E	G	G	C	O	T	K	X	Ł	X	W	X	Z	Ę	O	E
J	I	C	P	Ż	W	Ó	F	X	N	Q	Y	P	R	W	K
F	O	N	D	N	O	W	B	A	S	E	B	A	L	L	B
U	S	Q	G	A	D	K	X	N	I	F	R	F	L	Y	O
P	O	D	R	Ó	Ż	A	B	A	C	L	T	P	F	Z	X

WĘDKARSTWO
BASEBALL
KOSZYKÓWKA
BOKS
KEMPING
ZAKUPY
PIŁKA NOŻNA
MALARSTWO
GOLF
SZTUKA
PODRÓŻ
WYŚCIGI
PŁYWANIE
SURFING
NURKOWANIE
TENIS
SIATKÓWKA

80 - Formen

E	Ł	W	N	O	N	S	P	B	G	Y	Z	D	O	D	Ł
L	I	A	Y	Y	T	T	R	P	Ł	U	L	T	K	G	U
I	U	H	Z	R	H	M	Y	T	J	R	Z	W	R	A	K
P	K	R	Z	Y	W	A	Z	Ą	I	R	X	O	Ą	F	I
S	F	T	N	I	J	Q	M	K	C	W	W	X	G	S	N
A	K	E	Ż	O	T	S	A	J	N	D	E	A	Ł	K	Ż
I	V	R	T	D	H	R	T	Ó	A	P	C	Ł	Y	Y	O
N	T	K	A	D	I	M	A	R	I	P	O	Ł	G	V	R
I	Ą	P	R	W	D	T	A	T	C	Y	C	W	E	T	A
L	K	K	D	A	Ę	X	R	S	Ś	J	Y	K	A	P	N
Q	O	J	A	F	J	D	L	Q	E	E	L	A	Z	L	B
P	L	F	W	K	Y	X	Z	X	Z	Q	I	P	Q	I	T
D	E	H	K	J	W	B	F	I	S	Ł	N	D	C	N	W
H	I	P	E	R	B	O	L	A	E	A	D	I	N	F	G
K	W	P	R	O	S	T	O	K	Ą	T	E	N	I	I	Q
B	O	K	K	O	Ł	O	R	P	N	R	R	O	T	L	D

ŁUK
TRÓJKĄT
NAROŻNIK
ELIPSA
HIPERBOLA
KRAWĘDZIE
STOŻEK
KOŁO
KRZYWA
LINIA
OWAL
WIELOKĄT
PRYZMAT
PIRAMIDA
KWADRAT
PROSTOKĄT
OKRĄGŁY
BOK
SZEŚCIAN
CYLINDER

81 - Musik

Ś	Q	N	I	D	S	Ł	V	H	D	N	R	T	M	R	W
X	P	Ł	P	F	N	M	A	I	Y	L	Y	E	U	Y	O
A	C	I	K	C	Y	T	E	O	P	Y	T	M	S	T	G
W	H	M	E	X	Z	T	O	K	F	X	M	P	I	M	Y
R	Ó	R	L	W	T	F	O	B	V	X	C	O	C	I	D
E	R	K	Z	M	A	I	N	O	M	R	A	H	A	C	P
M	U	B	L	A	W	Ć	M	U	Z	Y	K	Q	L	Z	L
Ł	G	K	T	A	A	P	S	X	H	D	U	M	X	N	I
E	A	L	B	O	S	Y	Ł	R	N	P	C	K	Ł	Y	R
L	G	K	K	S	W	Y	M	I	K	R	O	F	O	N	Y
V	M	A	E	Y	N	Z	C	I	N	O	M	R	A	H	C
O	T	Z	P	A	W	Y	Z	Z	N	V	S	D	Ł	J	Z
A	P	B	A	L	L	A	D	A	N	K	A	B	G	M	N
T	N	E	M	U	R	T	S	N	I	Y	X	Z	F	K	Y
X	L	I	R	M	E	L	O	D	I	A	T	C	G	I	P
S	L	H	S	A	P	I	O	S	E	N	K	A	R	Z	Y

ALBUM
BALLADA
CHÓR
HARMONIA
HARMONICZNY
INSTRUMENT
KLASYCZNY
LIRYCZNY
MELODIA
MIKROFON
MUSICAL
MUZYK
OPERA
POETYCKI
RYTMICZNY
RYTM
PIOSENKARZ
ŚPIEWAĆ
TEMPO

82 - Antiquitäten

D	W	D	N	S	A	P	R	L	Ł	N	S	Y	V	P	S
E	X	A	L	O	L	P	D	O	O	Ł	G	T	Q	I	T
K	W	I	R	S	P	Ł	R	D	G	W	A	E	A	M	Y
O	F	R	T	T	T	Q	Y	H	Z	U	L	N	J	R	L
R	X	E	D	M	O	W	E	C	S	A	E	O	C	L	Y
A	W	T	X	V	D	Ś	E	C	H	T	R	M	Y	C	Ł
C	C	U	X	T	D	B	Ć	E	Ć	S	I	O	T	N	K
Y	V	Ż	L	B	S	S	T	N	Ś	A	A	B	S	E	Y
J	T	I	M	R	T	X	R	A	O	J	E	R	E	Ł	W
N	C	B	P	K	Z	J	V	Q	K	Z	Z	A	W	G	Z
Y	R	Z	E	Ź	B	A	W	D	A	U	D	Z	N	I	E
E	L	E	G	A	N	C	K	I	J	T	T	Y	I	A	I
V	S	T	A	N	Z	H	E	C	X	N	F	Z	Y	Z	N
U	Q	N	S	O	P	M	Z	F	P	E	E	V	S	C	K
V	J	N	I	M	E	B	L	E	I	C	E	L	U	T	S
A	U	T	E	N	T	Y	C	Z	N	Y	Ł	N	X	S	S

STARY
AUTENTYCZNY
DEKORACYJNY
ELEGANCKI
ENTUZJASTA
GALERIA
OBRAZY
INWESTYCJA
STULECIE
SZTUKA
MEBLE
MONETY
CENA
JAKOŚĆ
BIŻUTERIA
RZEŹBA
STYL
NIEZWYKŁY
WARTOŚĆ
STAN

83 - Adjektive #2

M	I	T	W	Ó	R	C	Z	Y	N	W	A	Ł	S	I	D
Y	N	L	A	R	U	T	A	N	Q	C	A	P	Ł	N	M
G	Ł	O	D	N	Y	W	O	S	I	P	O	F	O	T	J
P	D	U	Y	W	L	O	O	Y	S	V	P	A	N	E	R
V	R	D	Y	F	H	A	Ś	W	I	E	Ż	Y	Y	R	D
O	K	O	V	U	K	Ł	M	O	N	Z	J	N	N	E	Z
C	S	K	D	B	G	Z	X	R	X	E	A	T	D	S	I
L	K	Y	A	U	V	Y	Q	D	O	Ł	D	N	Ł	U	K
N	O	W	Y	B	K	P	Z	Z	E	N	A	A	Z	J	I
B	F	A	M	I	S	T	J	C	W	P	L	K	U	Ą	Y
S	N	N	X	I	S	Z	Y	Y	W	T	N	I	G	C	S
Ł	I	D	Z	P	V	I	K	W	H	P	Y	P	N	Y	N
D	T	L	X	R	F	I	K	C	N	A	G	E	L	E	H
Ł	Y	Y	N	D	U	M	N	Y	O	Y	E	O	P	W	L
I	Ł	M	E	Y	N	Z	C	Y	T	N	E	T	U	A	B
G	N	O	D	R	A	M	A	T	Y	C	Z	N	Y	X	M

AUTENTYCZNY
SŁAWNY
OPISOWY
DRAMATYCZNY
ELEGANCKI
JADALNY
ŚWIEŻY
ZDROWY
GŁODNY
INTERESUJĄCY
TWÓRCZY
NATURALNY
NOWY
NORMALNA
PRODUKTYWNY
SŁONY
SILNY
DUMNY
DZIKI
PIKANTNY

84 - Kleidung

S	Y	R	L	K	B	A	R	Z	Y	S	N	I	Ż	D	A
S	V	X	U	O	L	S	Ę	E	A	A	W	O	K	N	X
D	C	U	B	S	U	P	K	O	S	P	R	E	Ł	S	Ł
B	V	V	A	Z	Z	O	A	K	T	R	U	K	T	U	B
B	I	Ł	J	U	A	D	W	S	Z	A	L	I	K	E	T
J	R	Ż	J	L	D	N	I	K	S	C	F	N	C	E	R
M	M	A	U	A	O	I	C	J	U	I	A	J	T	S	O
I	Y	Y	N	T	M	E	Z	W	L	N	R	Y	X	X	L
W	S	R	P	S	E	O	K	A	E	D	T	Z	D	Z	R
J	Ł	S	J	U	O	R	I	Q	P	Ó	U	S	U	O	M
V	B	S	W	I	Q	L	I	I	A	P	C	A	B	K	P
P	Ł	A	S	Z	C	Z	E	A	K	S	H	N	G	Q	C
D	D	Q	C	K	Z	P	T	T	L	C	K	F	R	Y	Z
B	C	L	X	P	O	X	N	A	K	N	E	I	K	U	S
W	V	G	W	E	R	H	S	S	W	A	M	A	Ż	I	P
E	A	R	X	O	S	Y	F	U	H	N	O	H	R	L	D

BRANSOLETKA
BLUZA
PAS
NASZYJNIK
RĘKAWICZKI
KOSZULA
SPODNIE
KAPELUSZ
KURTKA
DŻINSY
SUKIENKA
PŁASZCZ
MODA
SWETER
SPÓDNICA
SZALIK
PIŻAMA
BIŻUTERIA
BUT
FARTUCH

85 - Haus

K	I	C	Ł	H	U	X	M	K	S	T	O	W	Q	F	Y
L	O	H	C	N	G	N	I	V	Y	V	R	G	Y	Z	H
A	C	M	D	Z	Z	D	O	R	P	V	T	M	R	J	S
V	A	Z	I	G	H	F	T	F	I	B	S	T	Ł	Ó	Q
J	R	W	W	N	A	P	Ł	K	A	W	U	P	A	K	D
Y	E	M	Z	I	E	R	A	K	L	Z	L	B	Z	O	K
U	J	N	R	M	S	K	A	I	N	X	G	A	L	P	Y
G	P	T	D	O	M	N	M	Ż	I	R	S	U	F	I	T
A	X	T	F	K	S	U	M	T	A	P	M	A	L	M	K
O	G	R	O	D	Z	E	N	I	E	L	B	E	M	D	Ł
N	W	H	B	I	B	L	I	O	T	E	K	A	Ś	Z	K
K	U	C	H	N	I	A	U	C	I	F	E	S	C	F	Q
O	Z	Y	C	I	N	Z	S	Y	R	P	R	L	I	T	L
V	C	R	A	O	I	D	H	X	H	P	G	Ł	A	A	J
V	B	T	D	W	P	X	S	W	A	Y	I	K	N	P	D
V	K	S	D	R	K	M	A	Ł	W	J	D	Q	A	Ł	J

MIOTŁA
BIBLIOTEKA
DACH
STRYCH
SUFIT
PRYSZNIC
OKNO
GARAŻ
OGRÓD
KOMINEK
KUCHNIA
LAMPA
MEBLE
SYPIALNIA
KOMIN
LUSTRO
DRZWI
ŚCIANA
OGRODZENIE
POKÓJ

86 - Bauernhof #1

P	J	K	K	O	Ń	M	I	Ó	D	I	N	E	D	R	U
F	I	D	K	W	V	Ł	M	L	M	S	J	P	T	A	C
V	O	E	T	T	K	P	P	W	O	K	G	Y	J	Y	R
Z	I	L	S	C	A	Z	O	K	W	W	H	W	T	J	M
O	T	O	K	I	Z	N	T	E	A	L	L	L	A	A	J
G	M	P	E	N	C	K	F	T	Q	S	Q	G	R	R	T
R	I	G	J	L	R	A	K	Q	L	W	V	C	T	S	D
O	V	I	K	O	U	Y	P	I	A	O	E	S	D	K	Ł
D	U	O	D	R	K	U	Ż	Ś	W	I	N	I	A	L	U
Z	P	S	Z	C	Z	O	Ł	A	Ł	E	J	A	W	R	J
E	O	I	J	O	Q	G	Z	Ó	W	A	N	W	I	Q	J
N	U	B	H	W	H	O	I	G	E	M	Ł	O	I	S	O
I	L	D	I	Ł	B	M	E	Z	J	G	G	D	N	E	O
E	W	R	O	N	A	B	M	M	G	L	Z	A	E	L	F
P	A	I	P	P	D	G	I	C	I	E	L	Ę	M	X	Q
O	H	X	W	T	P	B	A	W	O	R	K	R	Y	F	M

PSZCZOŁA
NAWÓZ
OSIOŁ
POLE
SIANO
MIÓD
KURCZAK
PIES
CIELĘ
KOT
WRONA
KROWA
ZIEMIA
ROLNICTWO
KOŃ
RYŻ
ŚWINIA
WODA
OGRODZENIE
KOZA

87 - Regierung

H	S	P	O	K	O	J	N	A	D	N	P	W	D	Y	T
N	S	B	Q	U	I	T	G	W	E	I	O	O	Z	R	E
Ł	Y	E	T	F	B	E	C	O	M	E	M	L	I	Ó	K
Z	E	I	P	H	R	W	B	M	O	Z	N	N	E	W	O
P	R	A	W	O	R	O	V	Q	K	A	I	O	L	N	N
Z	O	W	P	I	Z	J	X	R	R	L	K	Ś	N	O	S
Ł	T	A	S	F	O	A	F	B	A	E	C	Ć	I	Ś	T
V	X	R	T	N	A	R	Ó	D	C	Ż	Y	I	C	Ć	Y
V	B	P	A	Ł	U	K	H	P	J	N	W	G	A	F	T
A	U	B	N	N	F	B	Y	F	A	O	I	L	L	Q	U
D	Y	S	K	U	S	J	A	T	J	Ś	L	I	Z	K	C
Z	W	N	I	B	F	G	N	J	I	Ć	N	D	L	L	J
L	O	B	M	Y	S	W	I	C	B	L	Y	E	S	D	A
E	D	L	A	T	H	S	V	O	N	O	O	R	E	Q	D
Z	Ą	Q	F	X	T	D	U	T	P	X	K	P	L	T	T
Q	S	A	W	U	I	Ł	F	J	Y	U	P	R	C	O	F

DZIELNICA
DEMOKRACJA
POMNIK
DYSKUSJA
WOLNOŚĆ
SPOKOJNA
LIDER
PRAWO
RÓWNOŚĆ
SĄDOWY
NARÓD
KRAJOWE
POLITYKA
PRAWA
MOWA
STAN
SYMBOL
NIEZALEŻNOŚĆ
KONSTYTUCJA
CYWILNY

88 - Berufe #1

P	H	A	G	K	I	N	W	A	R	P	D	U	A	T	D
I	Y	S	I	A	S	F	Q	V	M	U	Z	Y	K	V	P
A	D	T	Z	R	R	K	R	A	W	I	E	C	G	I	I
N	R	R	X	T	E	A	M	B	A	S	A	D	O	R	E
I	A	O	Z	O	L	I	S	K	O	A	K	Ł	L	E	L
S	U	N	Y	G	I	E	K	I	K	R	S	M	O	N	Ę
T	L	O	W	R	B	O	K	N	C	M	I	H	E	E	G
A	I	M	I	A	U	F	C	A	A	R	Ę	D	G	R	N
R	K	C	L	F	J	C	T	H	R	B	G	C	T	T	I
U	Q	D	Ś	T	V	G	P	C	T	Z	O	B	E	K	A
A	R	T	Y	S	T	A	N	E	A	L	W	R	A	B	R
C	Ł	G	M	X	T	G	T	M	N	N	Y	L	O	Z	K
P	S	Y	C	H	O	L	O	G	C	O	J	G	G	R	A
C	P	P	H	E	A	S	E	Z	E	V	R	A	Z	S	W
V	M	O	D	K	Z	Y	Q	A	R	Ł	Y	H	E	X	Ł
R	O	Q	H	B	U	A	E	E	Z	M	S	I	J	T	X

LEKARZ
ASTRONOM
BANKIER
AMBASADOR
KSIĘGOWY
GEOLOG
MYŚLIWY
JUBILER
KARTOGRAF
HYDRAULIK
PIELĘGNIARKA
ARTYSTA
MECHANIK
MUZYK
PIANISTA
PSYCHOLOG
PRAWNIK
KRAWIEC
TANCERZ
TRENER

89 - Adjektive #1

C	I	E	N	K	I	K	Ż	Ę	I	C	N	A	W	Z	F
S	Z	C	Z	Ę	Ś	L	I	W	Y	V	I	F	Ł	L	V
B	M	F	G	M	V	Q	X	P	V	D	B	E	W	L	Z
I	B	Y	Ł	A	N	O	K	S	O	D	X	I	M	C	A
A	A	B	S	O	L	U	T	N	Y	W	B	O	A	N	J
K	R	A	K	T	Y	W	N	Y	N	G	O	T	F	I	Y
U	M	T	Z	H	E	O	J	C	M	V	T	L	D	D	N
C	G	X	Y	N	S	E	Z	C	O	W	O	N	I	E	N
Z	H	L	W	S	F	W	S	X	R	S	X	A	K	N	I
C	D	U	W	I	T	N	P	O	G	V	A	X	O	T	W
I	C	E	N	N	Y	Y	M	I	O	S	Q	L	B	Y	E
W	E	M	Y	N	J	Y	C	K	A	R	T	A	Ę	C	I
Y	N	Ż	A	W	K	S	I	Z	I	X	T	S	Ł	Z	N
K	C	T	K	N	B	R	D	J	N	O	Z	Z	G	N	Y
P	I	Ę	K	N	Y	Ł	W	Z	B	Y	W	J	R	Y	S
A	R	O	M	A	T	Y	C	Z	N	Y	Y	W	U	T	O

ABSOLUTNY
AKTYWNY
AROMATYCZNY
ATRAKCYJNY
CIEMNY
CIENKI
UCZCIWY
SZCZĘŚLIWY
IDENTYCZNY
ARTYSTYCZNY

POWOLI
NOWOCZESNY
DOSKONAŁY
OGROMNY
PIĘKNY
CIĘŻKI
GŁĘBOKI
NIEWINNY
CENNY
WAŻNY

90 - Geometrie

B	K	X	Q	M	S	J	N	T	Ą	K	J	Ó	R	T	N
C	Z	Ł	O	N	Y	M	O	I	Z	O	P	Q	F	E	U
A	R	T	Ł	P	M	O	B	L	I	C	Z	E	Ń	O	M
R	M	O	O	J	E	I	N	A	N	W	Ó	R	K	R	E
P	Ó	Ł	K	R	T	Ś	R	E	D	N	I	C	A	I	R
R	D	W	G	D	R	A	I	M	Y	W	O	Z	Y	A	G
O	S	F	N	A	I	N	H	C	Z	R	E	I	W	O	P
P	M	D	V	O	A	S	A	M	L	O	G	I	K	A	U
O	W	N	H	K	L	W	K	W	A	D	R	A	T	P	E
R	B	Y	Q	A	E	E	Y	G	D	T	S	X	Y	O	H
C	S	Ł	S	Ł	V	W	G	Z	K	Ą	T	Q	Y	D	J
J	N	Q	K	O	P	R	F	Ł	R	Ł	H	E	T	Z	J
A	C	S	N	M	K	W	V	D	Y	K	Y	C	B	U	O
D	F	J	F	H	S	O	J	T	M	G	C	D	F	X	X
L	P	H	S	I	N	X	Ś	Z	T	Q	S	D	X	Y	E
M	C	Ł	D	M	B	V	E	Ć	V	H	U	P	C	D	I

PROPORCJA
OBLICZEŃ
WYMIAR
TRÓJKĄT
ŚREDNICA
RÓWNANIE
POZIOMY
WYSOKOŚĆ
KOŁO
KRZYWA
LOGIKA
MASA
NUMER
POWIERZCHNIA
RÓWNOLEGŁY
KWADRAT
CZŁON
SYMETRIA
TEORIA
KĄT

91 - Jazz

I	M	P	R	O	W	I	Z	A	C	J	A	C	R	R	T
T	J	C	N	L	M	T	Y	R	T	J	C	W	E	V	E
B	A	A	H	O	X	U	T	A	L	E	N	T	R	I	C
Q	X	L	M	S	C	L	Z	J	U	K	F	W	M	V	H
Ł	H	T	B	G	X	K	B	Y	R	A	T	S	J	U	N
A	F	D	M	U	P	E	I	Ł	C	X	T	E	K	T	I
R	S	N	G	F	M	N	I	Z	K	Y	B	A	Ł	P	K
V	O	G	C	G	R	U	U	L	U	B	I	O	N	E	A
E	O	T	L	A	R	T	S	E	I	K	R	O	N	S	P
A	R	T	Y	S	T	A	L	I	Z	H	X	Z	O	Ł	I
K	X	R	T	Z	D	G	Z	A	B	H	B	G	W	A	O
Y	K	E	S	U	O	M	Q	E	H	M	Q	M	Y	W	S
Z	A	C	T	V	P	P	D	Q	Q	T	T	T	K	N	E
U	A	N	N	S	H	O	M	M	Q	I	V	L	D	Y	N
M	K	O	P	X	W	Y	A	O	S	L	R	Q	K	Y	K
Q	Ł	K	V	W	Q	I	Ł	I	K	S	A	L	K	O	A

ALBUM
STARY
OKLASKI
SŁAWNY
ULUBIONE
GATUNEK
IMPROWIZACJA
KOMPOZYTOR
KONCERT
ARTYSTA
PIOSENKA
MUZYKA
MUZYCY
NOWY
ORKIESTRA
RYTM
SOLO
STYL
TALENT
TECHNIKA

92 - Mathematik

D	P	G	E	O	M	E	T	R	I	A	W	S	Y	O	S
Z	R	B	I	F	O	B	Ą	Z	E	M	Y	Y	Ł	B	Y
I	O	E	T	O	V	Ś	K	Z	Z	U	K	M	G	J	Y
E	S	Z	I	K	S	R	O	Q	N	S	Ł	E	E	Ę	H
S	T	O	D	N	E	E	L	G	L	U	A	T	L	T	R
I	O	J	Z	C	A	D	E	E	U	Ł	D	R	O	O	Q
Ę	K	C	X	L	X	N	I	D	B	Q	N	I	N	Ś	Y
T	Ą	D	E	L	B	I	W	Y	T	R	I	A	W	Ć	F
N	T	L	D	N	P	C	O	Ó	T	Ą	K	J	Ó	R	T
Y	Y	U	M	Z	V	A	R	C	R	T	A	X	R	K	A
P	R	O	M	I	E	Ń	F	R	A	K	C	J	A	Ą	R
P	R	O	S	T	O	P	A	D	Ł	Y	O	N	J	T	D
A	R	Y	T	M	E	T	Y	K	A	A	Ł	B	I	Y	A
R	Ó	W	N	O	L	E	G	Ł	O	B	O	K	W	A	W
T	J	C	Q	S	D	V	O	C	I	Q	K	N	O	Ó	K
K	C	U	T	H	L	F	Q	Z	L	P	I	Q	P	V	D

ARYTMETYKA
FRAKCJA
DZIESIĘTNY
TRÓJKĄT
ŚREDNICA
WYKŁADNIK
GEOMETRIA
RÓWNANIE
RÓWNOLEGŁY
RÓWNOLEGŁOBOK
WIELOKĄT
KWADRAT
PROMIEŃ
PROSTOKĄT
PROSTOPADŁY
SUMA
SYMETRIA
OBWÓD
OBJĘTOŚĆ
KĄTY

93 - Messungen

M	I	N	U	T	A	Z	D	G	I	G	O	F	Ł	S	G
H	A	U	E	H	N	L	Ł	Ł	O	Ł	B	U	P	Z	Z
K	L	I	N	H	O	V	U	Ę	D	N	J	N	Q	B	T
P	I	R	Ć	C	T	A	G	B	Z	W	Ę	E	S	M	S
J	M	L	Ś	E	J	G	O	O	I	U	T	F	Z	I	O
X	Q	O	O	J	R	A	Ś	K	E	C	O	A	G	F	Y
K	G	N	K	G	N	W	Ć	O	S	A	Ś	I	S	F	N
X	P	V	O	Z	R	N	C	Ś	I	L	Ć	V	Z	L	H
B	K	M	S	B	T	A	Z	Ć	Ę	K	N	Ł	E	D	C
Z	E	X	Y	A	E	S	M	Z	T	L	C	X	R	Y	X
D	A	A	W	J	M	A	E	H	N	S	A	H	O	M	Z
Z	D	G	X	T	O	M	Z	Z	Y	F	F	I	K	H	M
I	O	N	B	Z	L	C	E	O	Q	N	C	I	O	S	R
X	I	W	Ń	E	I	P	O	T	S	E	R	H	Ś	Q	C
F	I	X	C	S	K	M	Q	V	R	T	I	L	Ć	E	W
J	J	S	G	R	A	M	C	E	N	T	Y	M	E	T	R

SZEROKOŚĆ
BAJT
DZIESIĘTNY
WAGA
STOPIEŃ
GRAM
WYSOKOŚĆ
KILOGRAM
KILOMETR
DŁUGOŚĆ
LITR
MASA
METR
MINUTA
GŁĘBOKOŚĆ
TONA
UNCJA
OBJĘTOŚĆ
CENTYMETR
CAL

94 - Psychologie

M	P	U	O	K	P	P	Ł	G	S	B	M	B	Z	T	R
H	O	R	T	Ć	Ś	O	W	O	B	O	S	O	O	D	W
S	S	A	Z	J	A	Ł	Z	P	R	O	B	L	E	M	P
K	T	W	C	G	S	I	C	N	W	Y	R	L	V	M	Ł
M	R	V	Z	L	I	E	I	N	A	K	T	O	P	S	Y
K	Z	L	S	R	Q	D	X	W	N	N	K	B	O	M	W
A	E	U	C	Z	U	C	I	E	E	Y	I	V	D	A	Y
E	G	J	Ł	Ł	A	R	V	A	C	A	L	E	Ś	R	N
O	A	N	P	Y	Ł	S	Y	M	O	P	F	Q	W	Z	Z
Y	N	M	O	T	Y	Z	R	P	E	I	N	D	I	E	C
S	I	L	Ś	Y	M	E	G	O	R	N	O	J	A	N	I
Z	E	I	N	A	W	O	H	C	A	Z	K	C	D	I	N
D	Z	I	E	C	I	Ń	S	T	W	O	X	V	O	A	I
R	Z	E	C	Z	Y	W	I	S	T	O	Ś	Ć	M	R	L
Q	T	E	R	A	P	I	A	S	H	B	G	R	Y	X	K
M	M	X	Y	L	E	H	L	O	P	I	I	X	Z	V	Ł

OCENA
NIEPRZYTOMNY
EGO
WPŁYWY
MYŚLI
POMYSŁY
DZIECIŃSTWO
KLINICZNY
POZNANIE
KONFLIKT
OSOBOWOŚĆ
PROBLEM
UCZUCIE
SPOTKANIE
TERAPIA
MARZENIA
PODŚWIADOMY
ZACHOWANIE
POSTRZEGANIE
RZECZYWISTOŚĆ

95 - Bauernhof #2

D	C	W	U	Q	J	O	T	S	M	I	W	S	D	Q	W
O	I	I	L	T	I	Q	K	X	T	N	A	R	H	O	J
J	Ą	A	I	L	E	X	U	C	D	O	N	K	Ł	Ę	N
R	G	T	X	W	Q	J	Ł	D	O	W	D	I	R	I	A
Z	N	R	A	S	A	Ę	N	P	D	Y	A	O	W	N	W
A	I	A	P	W	Q	C	Ł	T	L	Z	S	K	Ł	G	A
Ł	K	K	H	R	Z	Z	H	Z	N	R	G	E	E	A	D
Y	Ł	R	H	S	C	M	W	G	V	A	A	L	X	J	N
V	D	D	Y	B	U	I	F	H	E	W	O	M	E	F	I
A	Z	Y	X	Ł	I	E	K	I	N	L	O	R	J	M	A
X	Z	T	L	V	Z	Ń	A	C	I	N	E	Z	S	P	N
E	W	Q	E	L	P	R	C	O	W	O	V	C	L	S	I
P	A	S	T	E	R	Z	Z	Ł	A	H	O	X	W	N	E
Q	L	M	V	K	M	B	K	J	R	C	E	I	U	O	V
X	P	F	A	Y	Y	P	A	Z	D	Y	R	U	K	U	K
L	J	V	I	L	Q	K	Ł	J	I	U	Z	Ł	Ą	K	A

ROLNIK
NAWADNIANIE
UL
KACZKA
OWOC
WARZYWO
JĘCZMIEŃ
LAMA
JAGNIĘ
KUKURYDZA
MLEKO
SAD
DOJRZAŁY
OWCE
PASTERZ
STODOŁA
CIĄGNIK
PSZENICA
ŁĄKA
WIATRAK

96 - Gartenarbeit

Z	V	F	L	I	P	O	J	V	T	W	Q	S	A	A	Z
F	U	G	B	I	Ć	I	A	X	K	W	N	L	Y	Ż	J
H	C	N	T	G	Ś	P	I	B	K	W	I	T	N	Ą	Ć
B	N	L	Ł	W	I	C	L	S	E	V	Ć	E	Z	W	I
F	K	B	F	O	L	W	I	S	N	L	O	I	C	E	Y
P	O	M	U	D	G	D	U	S	U	I	G	K	I	O	W
O	M	B	B	A	E	S	J	R	T	G	L	U	N	M	O
J	P	U	R	D	Ł	G	C	P	A	Q	I	B	A	K	N
E	O	F	Y	U	S	Q	U	D	G	I	W	N	T	L	O
M	S	S	F	S	D	T	R	M	B	Y	U	A	O	I	Z
N	T	E	G	Z	O	T	Y	C	Z	N	Y	S	B	M	E
I	S	B	J	V	P	C	J	S	K	L	D	I	D	A	S
K	C	B	Z	B	W	L	I	X	C	A	X	O	U	T	G
J	F	I	Ł	Ł	R	D	N	D	Z	D	W	N	D	P	G
T	C	D	P	V	A	N	J	N	O	A	Z	A	J	Ł	M
R	T	Q	U	V	A	J	Z	Q	N	J	E	E	R	Z	V

GATUNEK
LIŚĆ
KWITNĄĆ
GLEBA
BOTANICZNY
POJEMNIK
JADALNY
EGZOTYCZNY
WILGOĆ
KLIMAT
KOMPOST
LIŚCI
SAD
NASIONA
SEZONOWY
WĄŻ
BRUD
BUKIET
WODA

97 - Berufe #2

B	B	C	H	I	R	U	R	G	O	L	O	I	B	M	E
I	A	A	T	S	Y	T	N	E	D	Q	G	H	Z	D	K
F	N	Q	D	O	G	R	O	D	N	I	K	N	O	T	L
G	Z	Ż	D	A	D	Z	I	E	N	N	I	K	A	R	Z
Ł	R	V	Y	A	C	W	A	N	Z	O	K	Y	Z	Ę	J
Y	A	P	Ł	N	H	Z	Z	I	P	B	Ł	N	K	N	F
D	K	Q	F	J	I	I	F	L	W	Z	I	Ł	F	F	O
P	E	M	I	M	P	E	I	U	Y	L	E	K	A	R	Z
I	T	T	V	L	M	E	R	S	N	Z	S	P	R	K	O
L	O	A	E	D	Q	K	L	T	A	O	R	I	G	G	L
O	I	B	T	K	H	B	Z	R	L	O	X	I	O	M	I
T	L	Ł	H	Ł	T	M	F	A	A	L	K	T	T	T	F
D	B	B	B	Z	N	Y	E	T	Z	O	F	W	O	Q	Q
U	I	F	X	H	T	C	W	O	C	G	D	B	F	A	U
O	B	Y	E	Ł	Q	F	Z	R	A	L	A	M	L	S	P
D	N	A	U	C	Z	Y	C	I	E	L	C	F	M	K	O

LEKARZ
BIBLIOTEKARZ
BIOLOG
CHIRURG
DETEKTYW
WYNALAZCA
BADACZ
FOTOGRAF
OGRODNIK
ILUSTRATOR
INŻYNIER
DZIENNIKARZ
NAUCZYCIEL
JĘZYKOZNAWCA
MALARZ
FILOZOF
PILOT
DENTYSTA
ZOOLOG

98 - Wetter

E	T	J	A	O	H	P	H	D	P	L	E	I	U	K	Y
T	E	M	P	E	R	A	T	U	R	A	Ó	O	Ł	L	E
W	Z	K	F	G	M	Z	B	R	Y	Z	A	D	V	I	U
O	T	K	M	R	M	S	N	P	H	E	U	A	M	M	T
O	Ę	L	H	Z	B	U	E	F	E	P	K	N	G	A	R
Y	C	L	J	M	C	S	W	U	C	D	S	R	Ł	T	O
J	Z	Ł	C	O	H	U	R	A	G	A	N	O	A	Ł	P
N	A	E	J	T	T	H	Q	M	L	E	L	T	I	S	I
F	R	R	Q	P	V	F	Y	W	Q	P	R	Y	H	J	K
U	U	Y	T	J	L	O	B	E	I	N	I	J	Q	Ł	A
O	M	I	V	G	J	U	D	G	M	A	Z	O	I	K	L
D	H	S	H	A	R	E	F	S	O	M	T	A	R	Q	N
F	C	U	L	T	T	S	Z	G	N	T	T	R	S	U	Y
S	D	C	B	U	R	Z	A	F	S	A	O	R	V	C	N
O	Q	H	O	B	S	G	R	N	U	H	N	F	P	E	U
Z	J	Y	N	R	A	L	O	P	N	F	P	O	S	O	J

ATMOSFERA
PIORUN
BRYZA
GRZMOT
SUSZA
LÓD
NIEBO
HURAGAN
KLIMAT
MONSUN
MGŁA
POLARNY
TĘCZA
BURZA
TEMPERATURA
TORNADO
SUCHY
TROPIKALNY
WIATR
CHMURA

99 - Chemie

W	L	B	E	I	N	I	T	P	J	Ą	D	R	O	W	Y
C	O	L	L	Ó	S	Z	S	P	Ł	G	S	B	E	A	N
A	G	A	E	A	L	K	A	L	I	C	Z	N	Y	F	Z
E	R	K	K	J	C	Ł	N	L	Q	G	A	E	F	T	C
K	Z	Z	T	N	V	I	V	L	H	V	G	L	J	E	I
K	W	C	R	O	C	G	E	B	A	Y	W	T	O	L	N
H	A	E	O	T	H	W	B	P	Q	V	Ę	Ł	N	M	A
M	S	T	N	M	L	X	M	C	Ł	L	G	S	H	M	G
G	O	S	A	M	O	X	G	I	M	O	I	S	C	R	R
A	U	Ą	H	L	R	R	J	E	Y	H	E	B	G	D	O
M	K	Z	H	I	I	B	K	C	Z	J	L	F	T	M	F
S	F	C	T	Ł	I	Z	C	Z	N	I	O	J	K	O	K
W	A	G	A	R	U	T	A	R	E	P	M	E	T	D	Ł
Ł	U	W	L	M	F	C	H	T	R	E	A	K	C	J	A
W	G	E	K	F	N	V	O	U	O	X	R	I	F	L	W
Y	R	T	B	Z	H	C	F	Ł	U	R	Ó	D	O	W	Z

ALKALICZNY
CHLOR
ELEKTRON
ENZYM
CIECZ
GAZ
WAGA
CIEPŁO
JON
KATALIZATOR
WĘGIEL
CZĄSTECZKA
JĄDROWY
ORGANICZNY
REAKCJA
SÓL
TLEN
KWAS
TEMPERATURA
WODÓR

1 - Gesundheit und Wellness #2

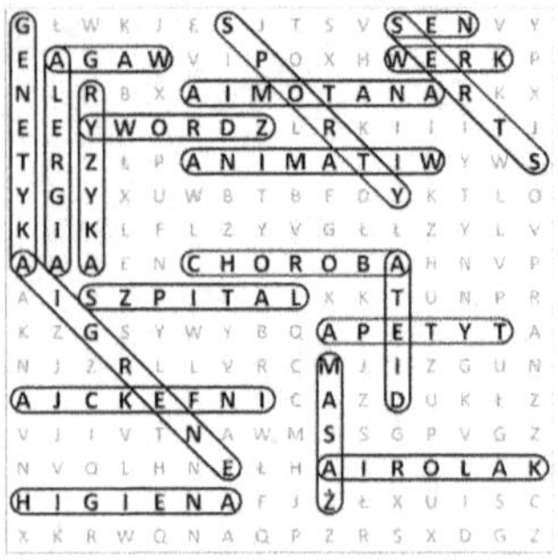

2 - Ozean

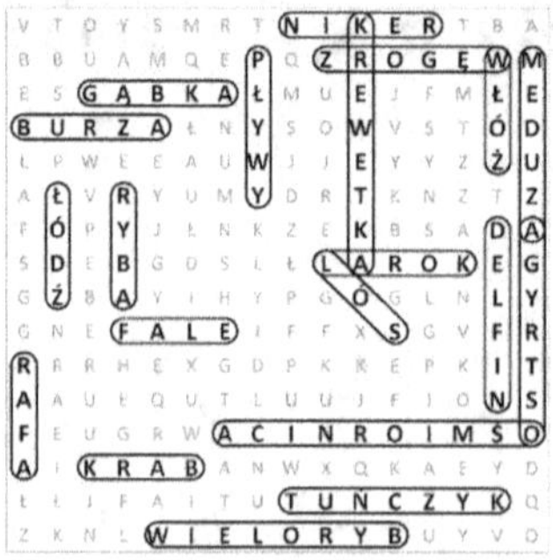

3 - Krankheit

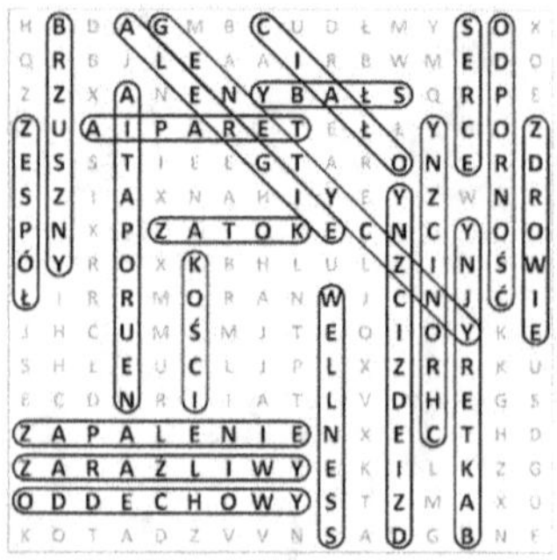

4 - Meditation

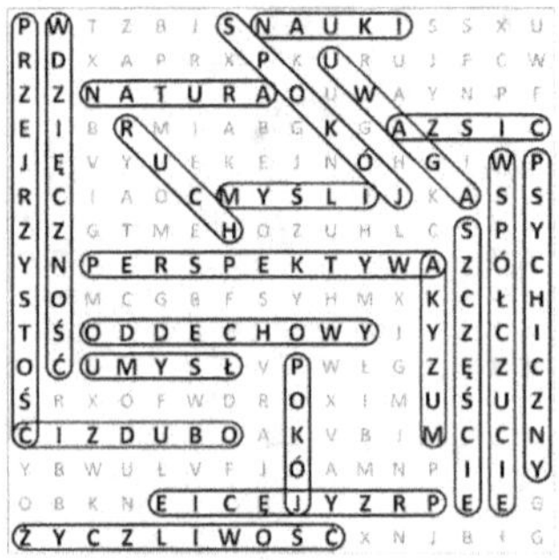

5 - Archäologie

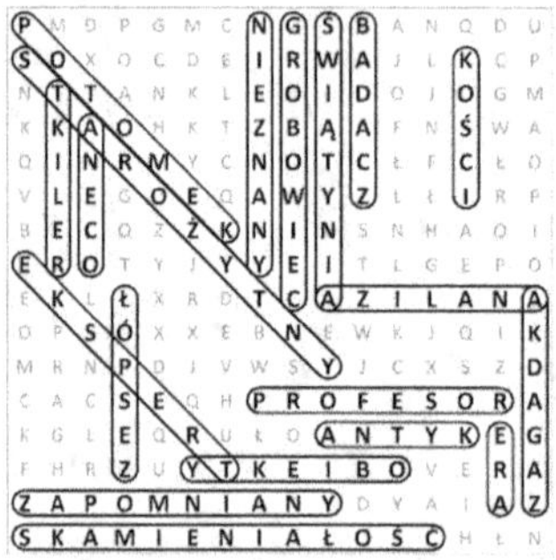

6 - Insekten

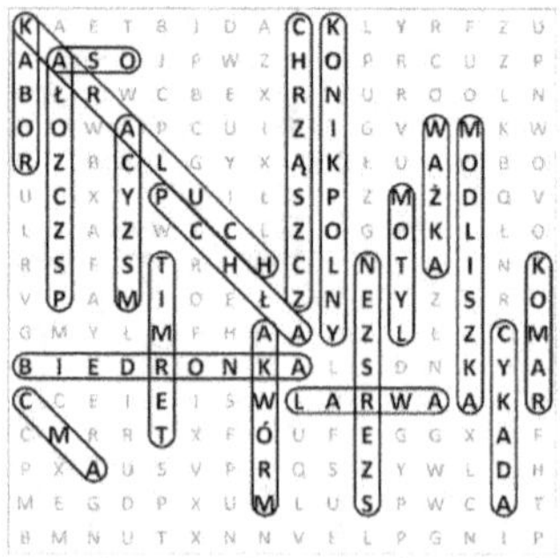

7 - Gesundheit und Wellness #1

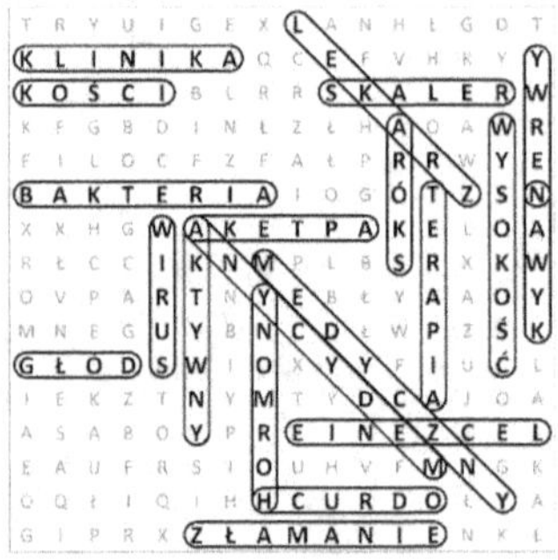

8 - Obst

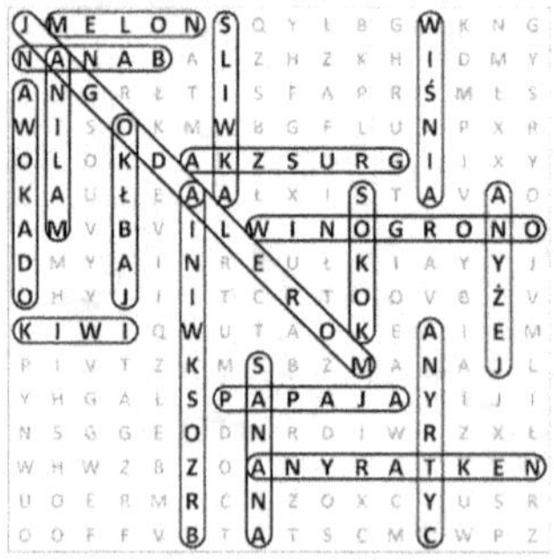

9 - Universum

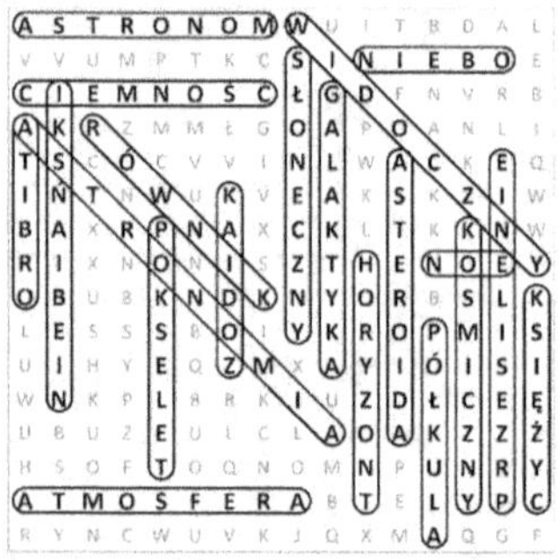

10 - Camping

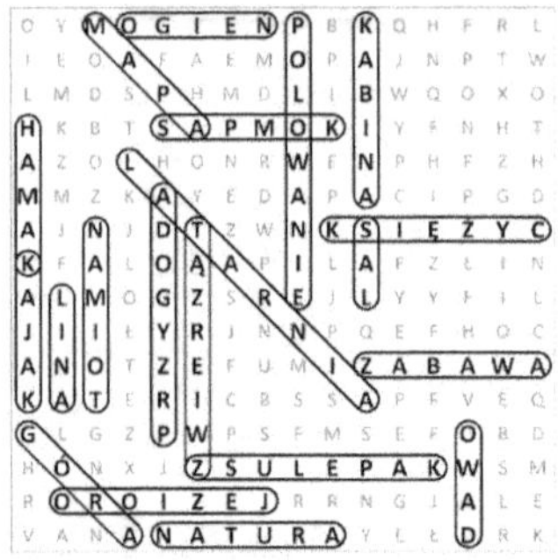

11 - Zeit

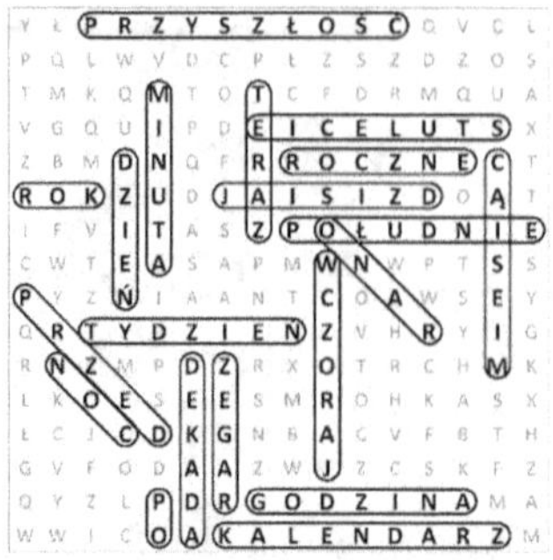

12 - Säugetiere

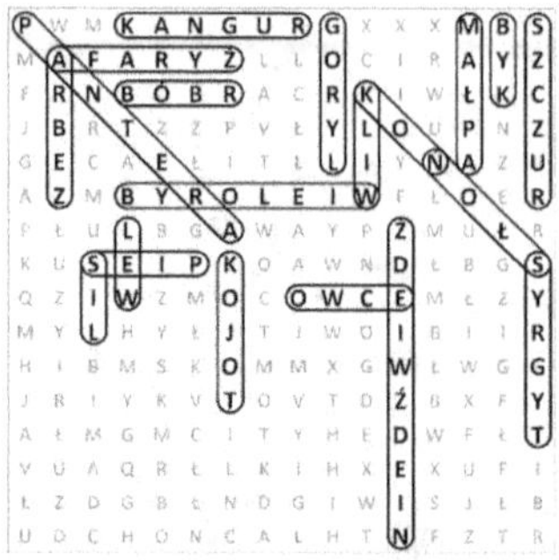

13 - Algebra

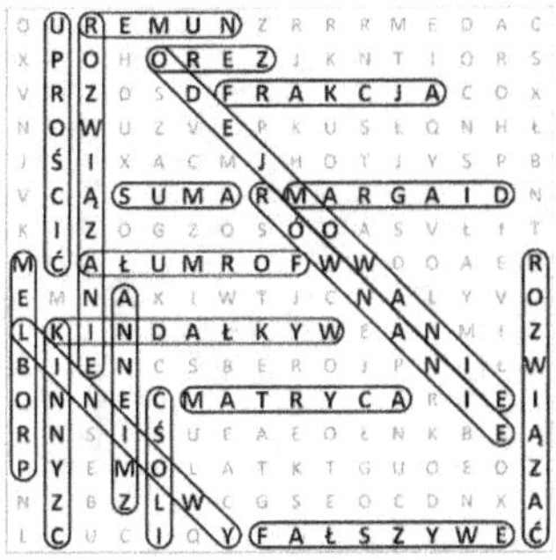

14 - Philanthropie

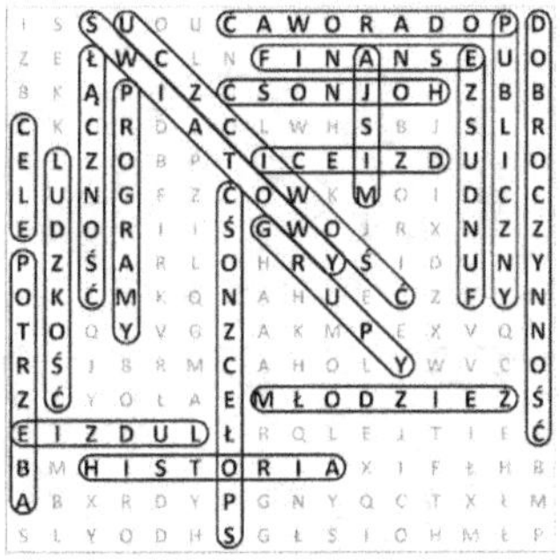

15 - Diplomatie

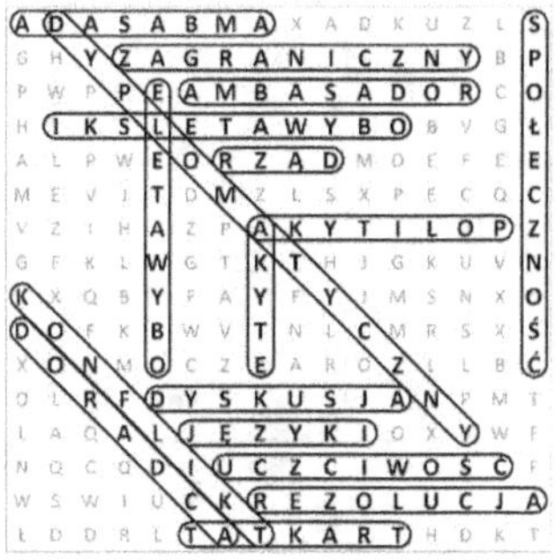

16 - Astronomie

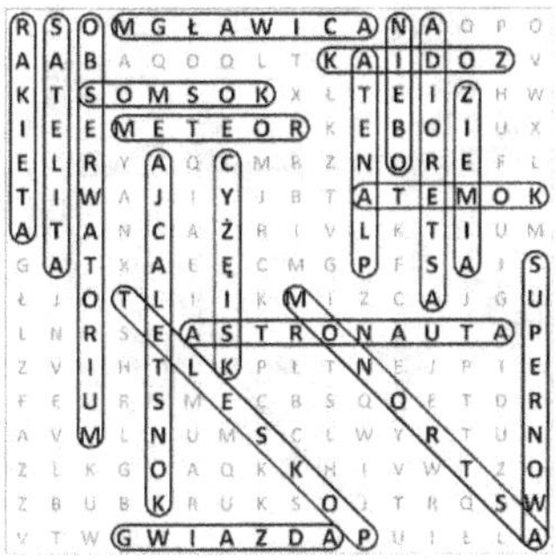

17 - Ballett

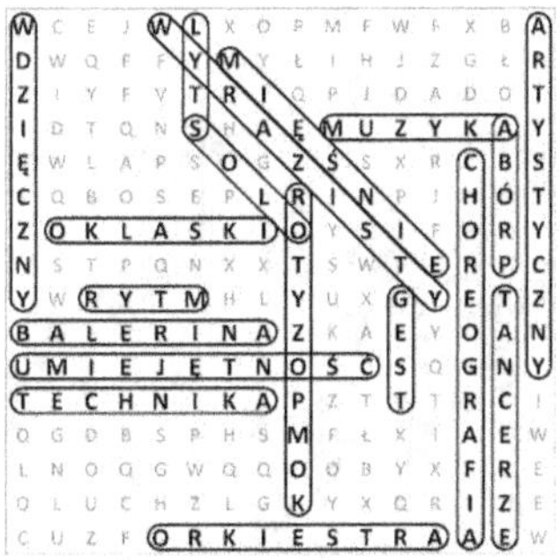

18 - Geologie

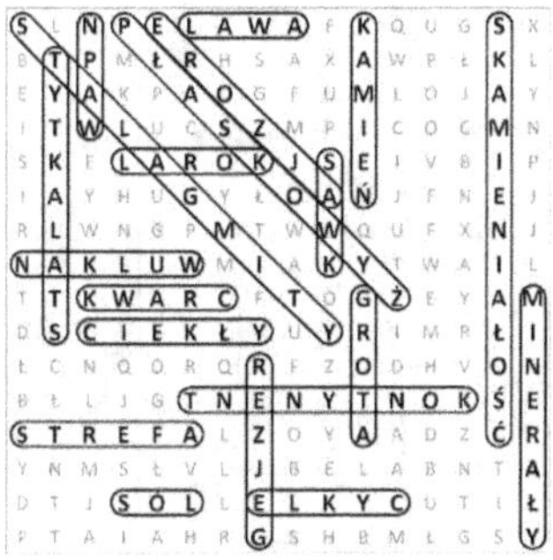

19 - Wissenschaft

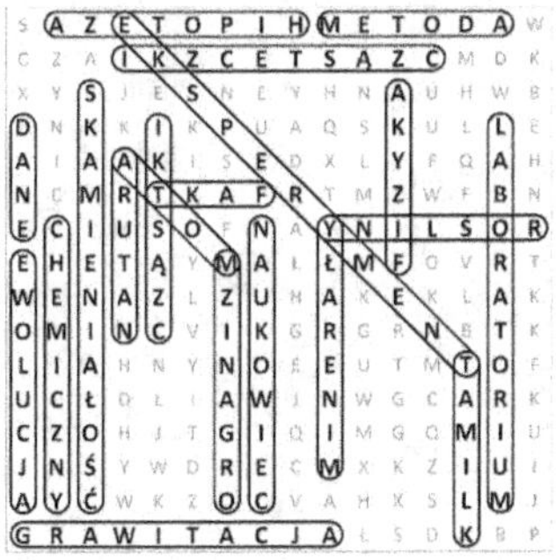

20 - Sport

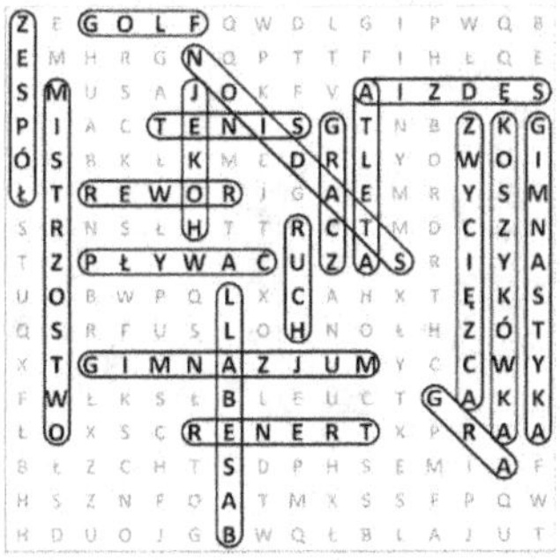

21 - Mythologie

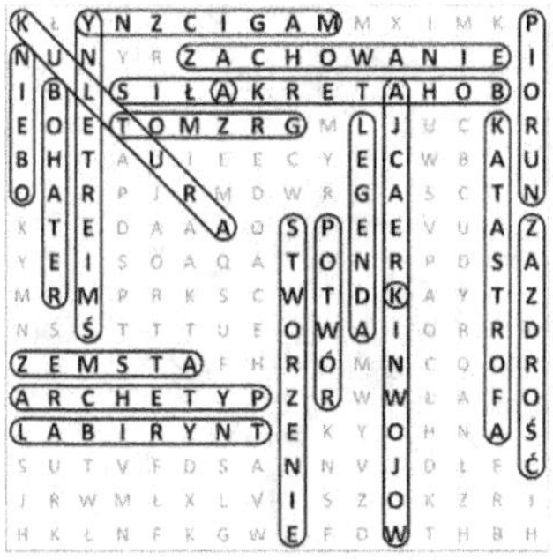

22 - Restaurant #2

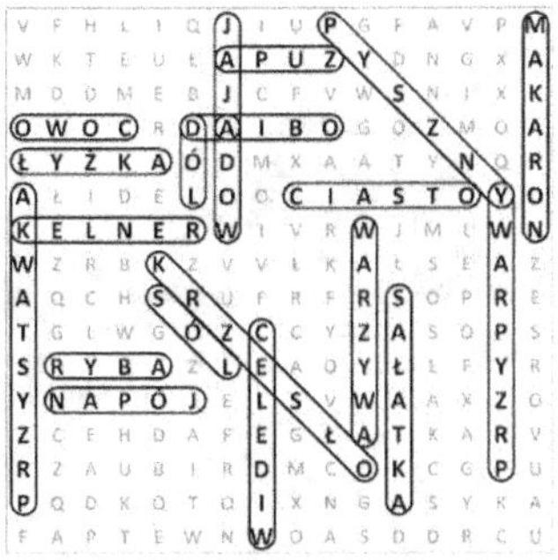

23 - Ökologie

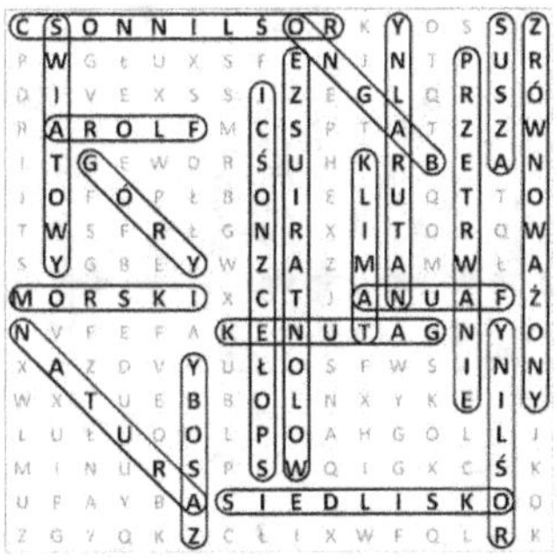

24 - Boote

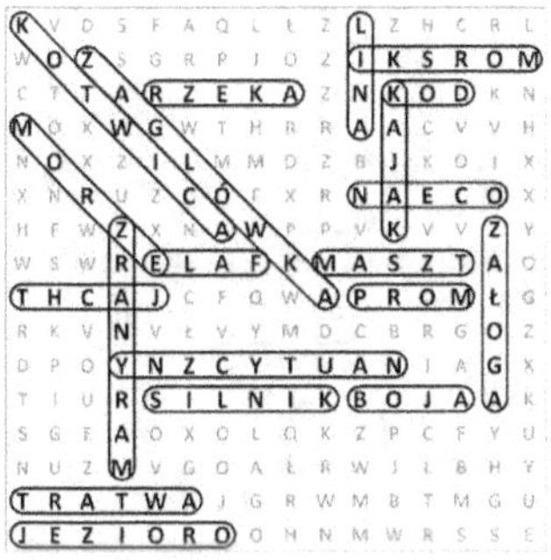

25 - Stadt

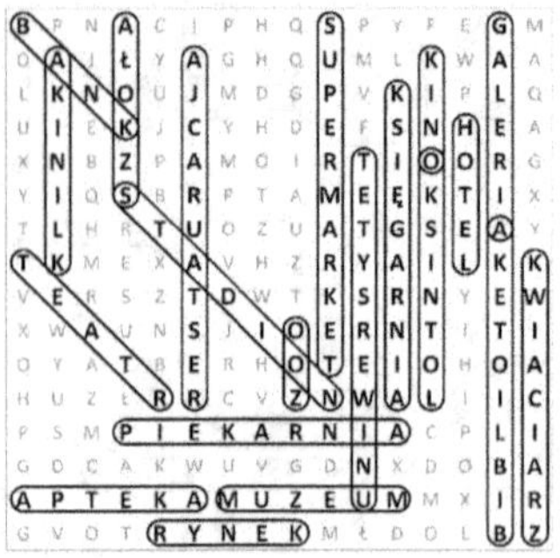

26 - Aktivitäten

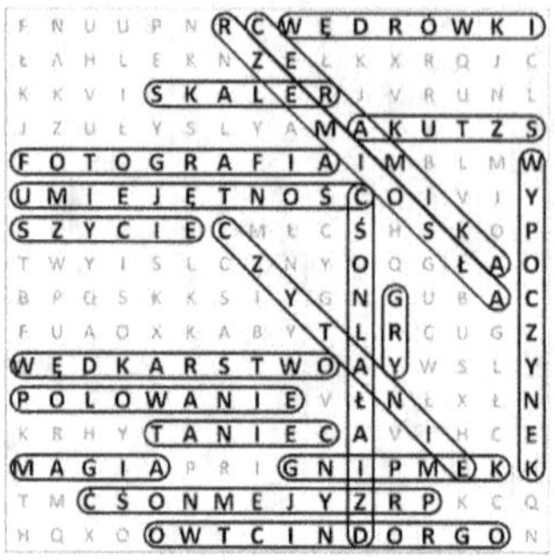

27 - Bienen

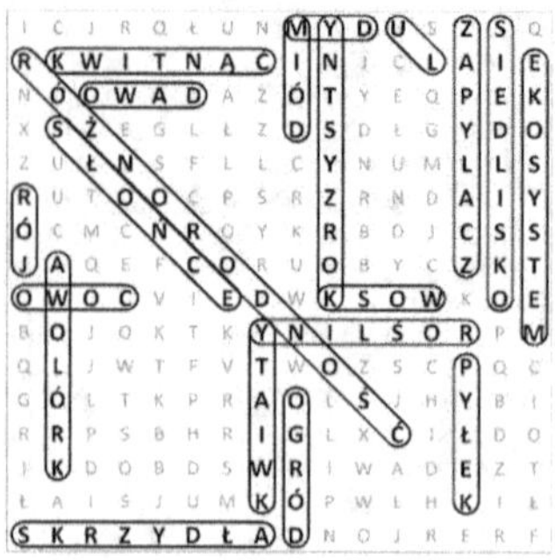

28 - Wissenschaftliche

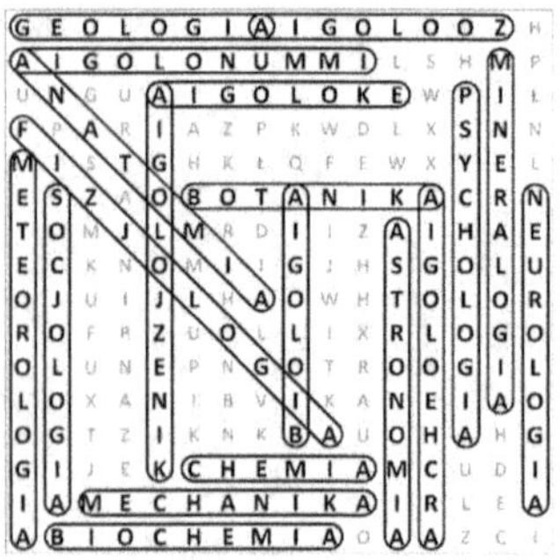

29 - Vögel

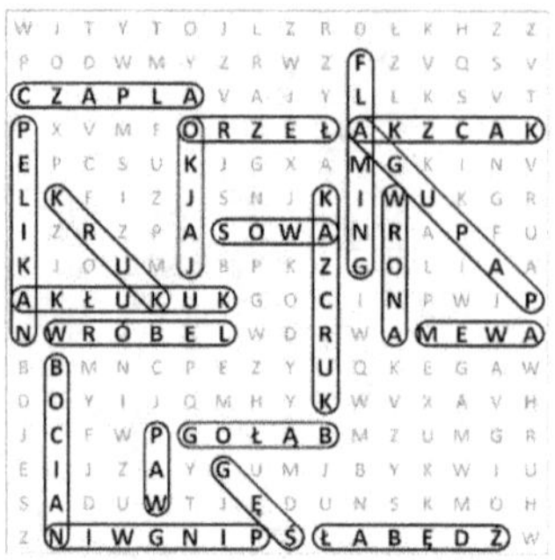

30 - Biologie

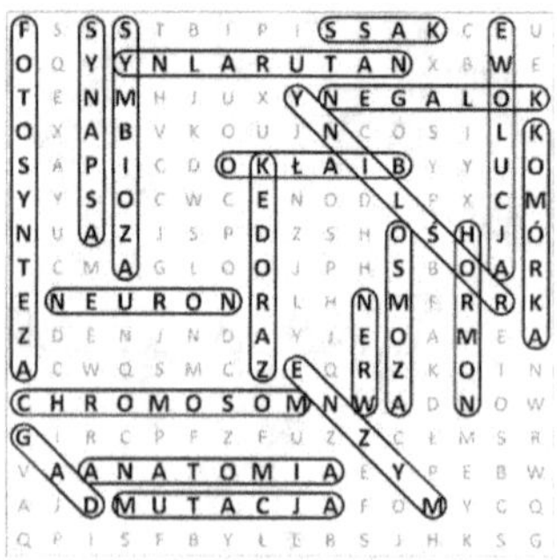

31 - Elektrizität

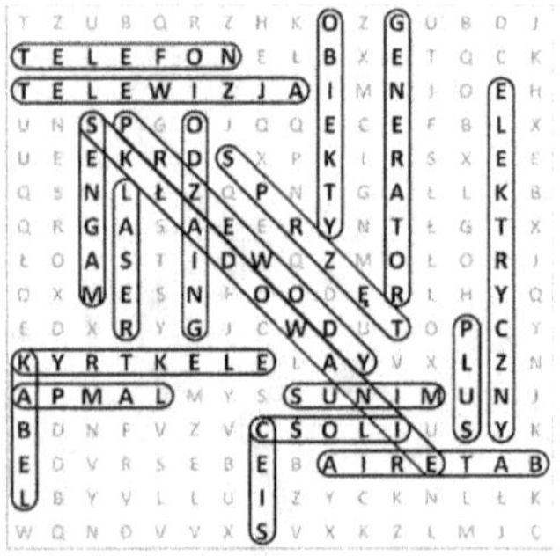

32 - Garten

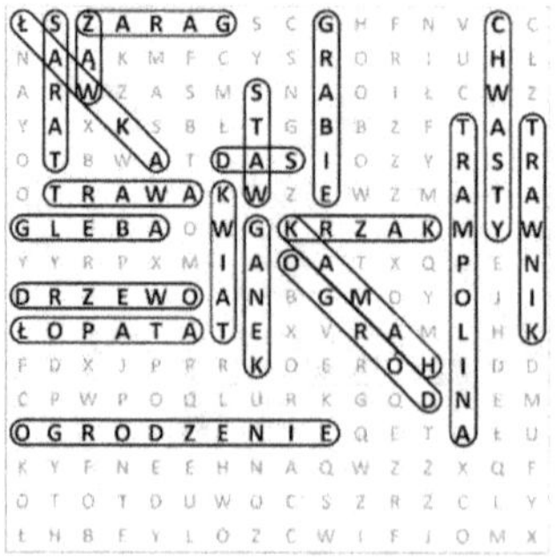

33 - Antarktis

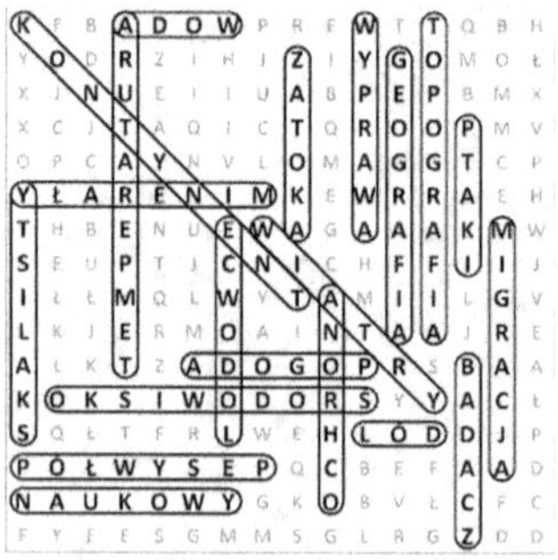

34 - Fahren

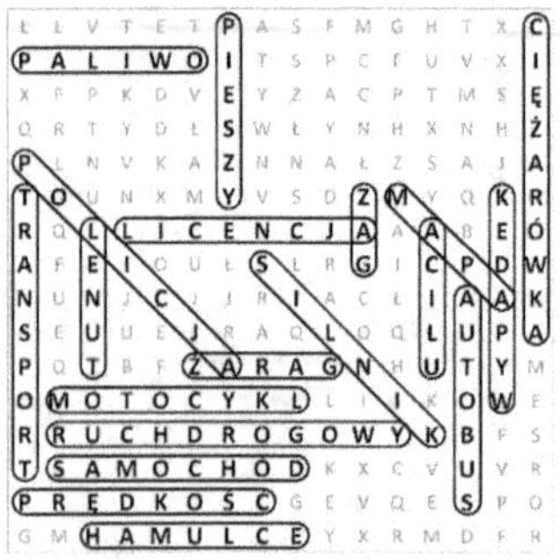

35 - Physik

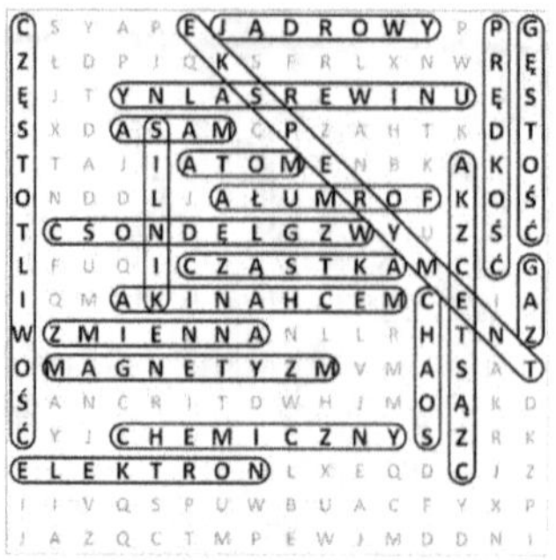

36 - Bücher

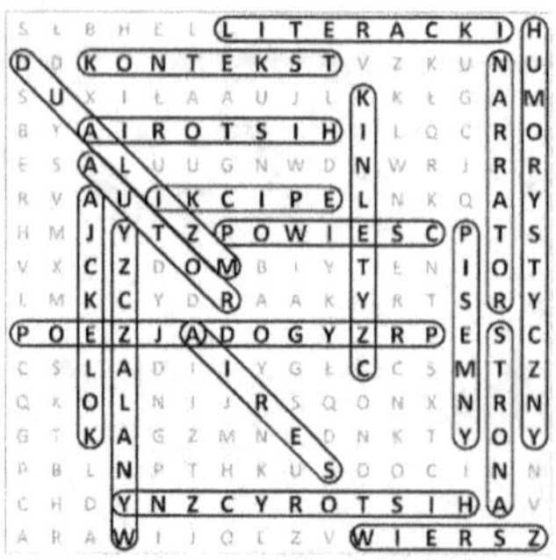

37 - Menschlicher Körper

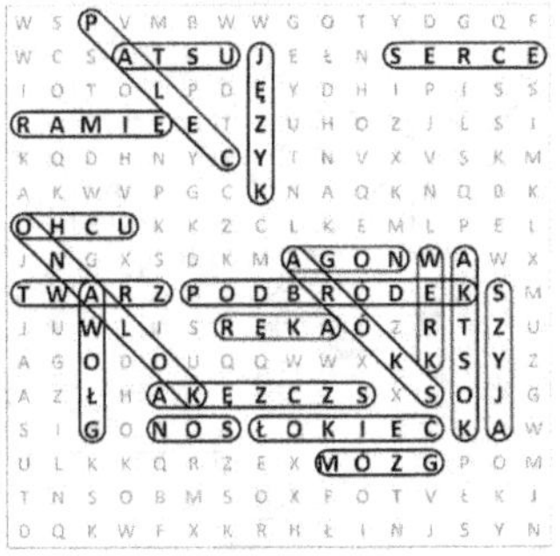

38 - Agronomie

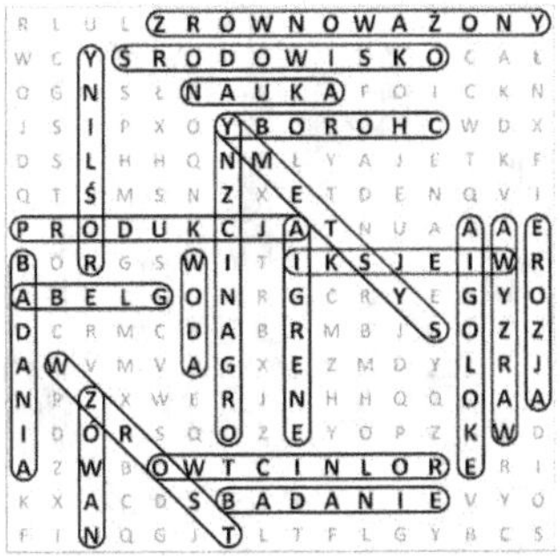

39 - Landschaften

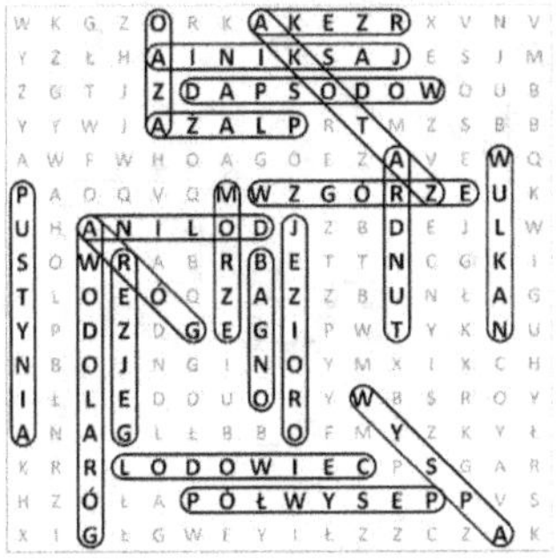

40 - Flugzeuge

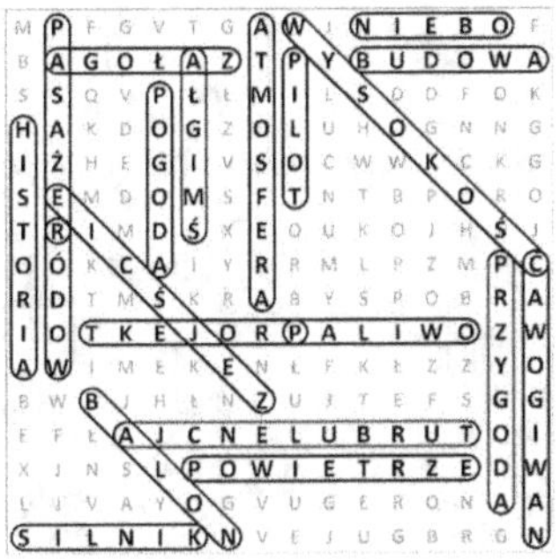

41 - Haartypen

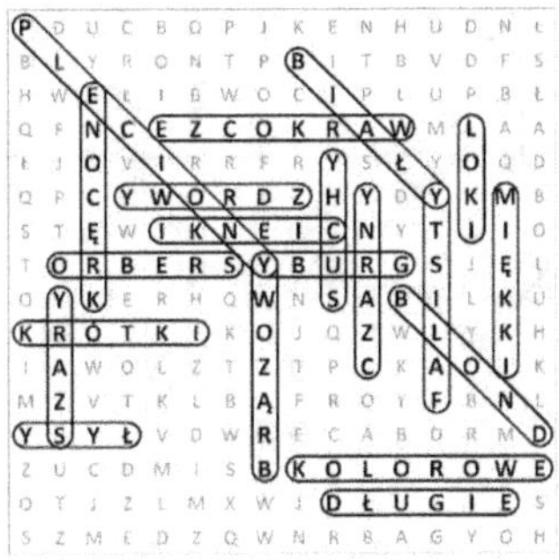

42 - Essen #1

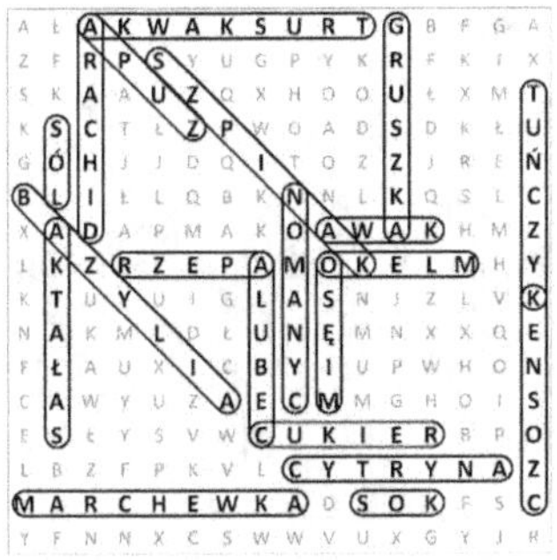

43 - Ethik

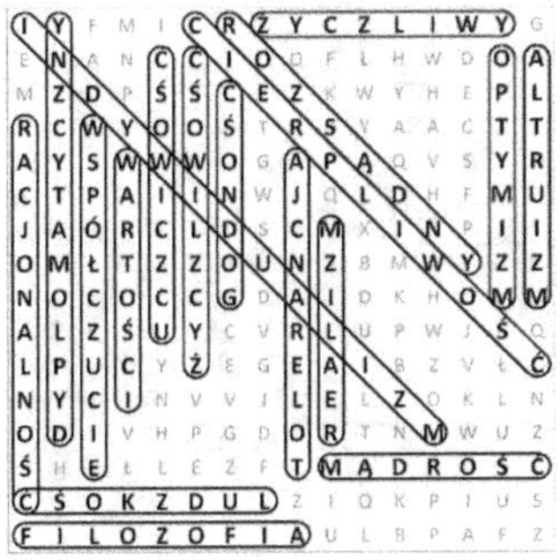

44 - Gebäude

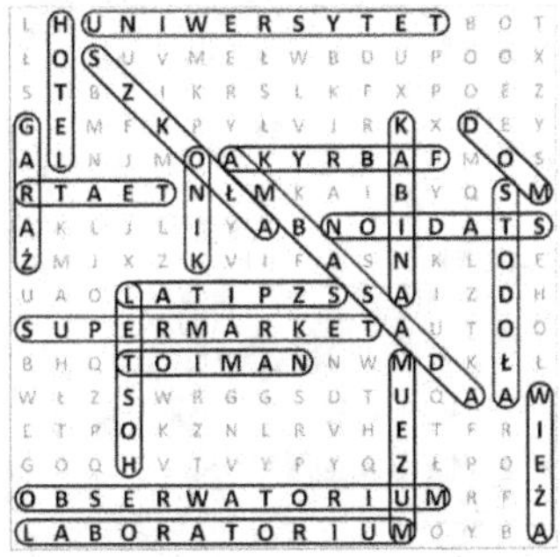

45 - Mode

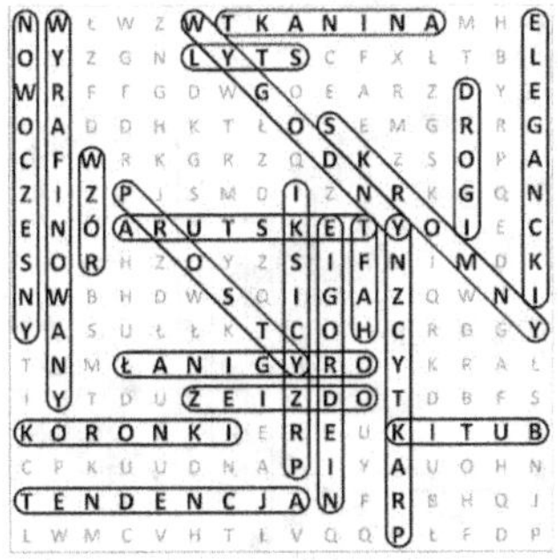

46 - Essen #2

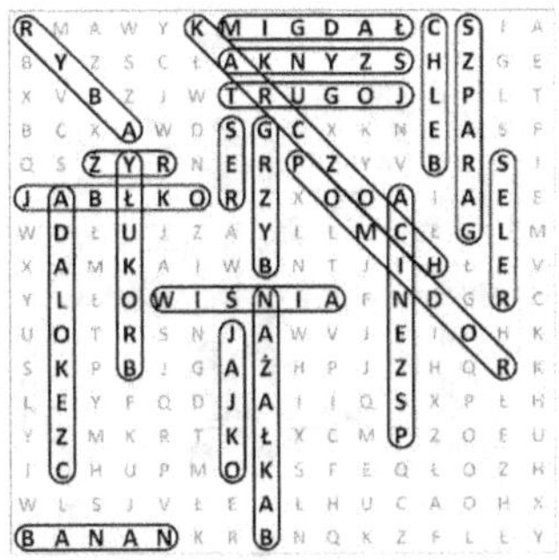

47 - Energie

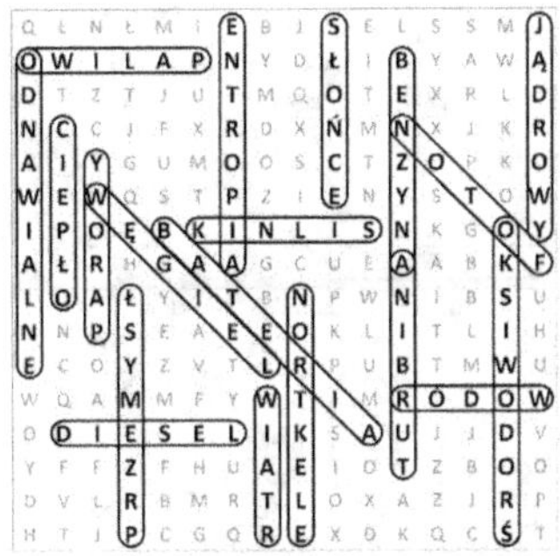

48 - Familie

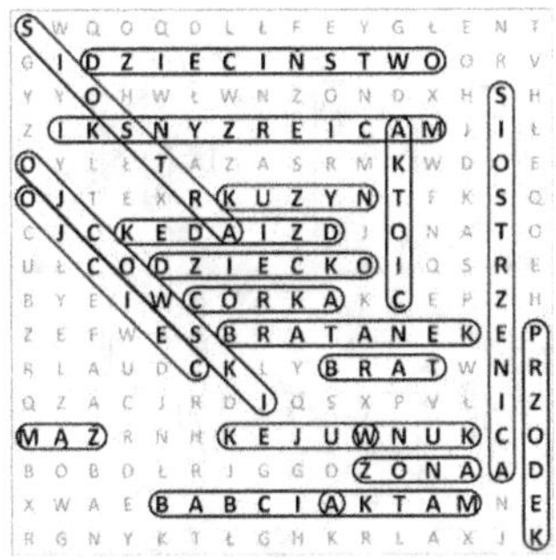

49 - Pflanzen

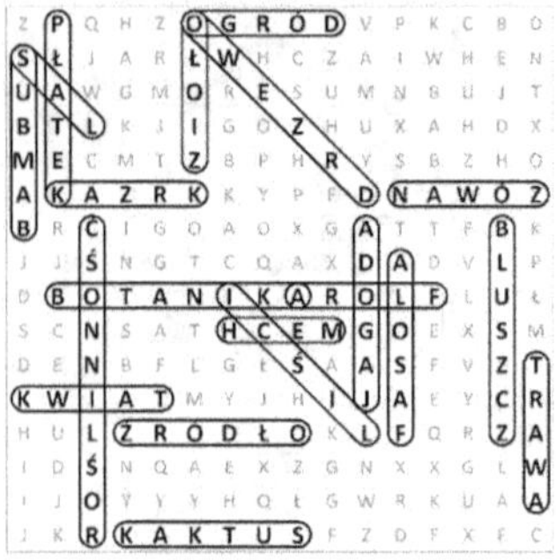

50 - Kunst

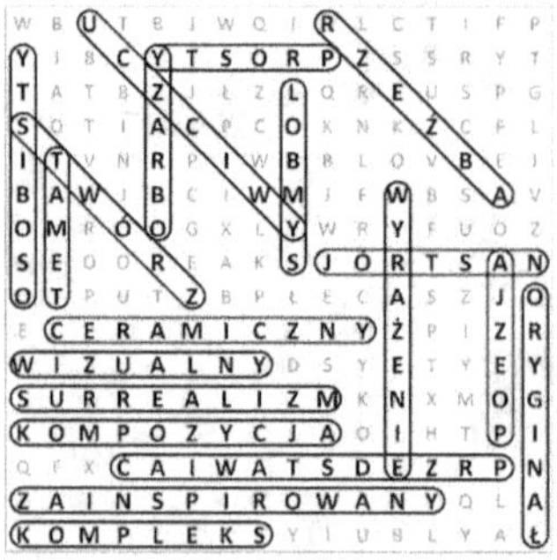

51 - Gewürze

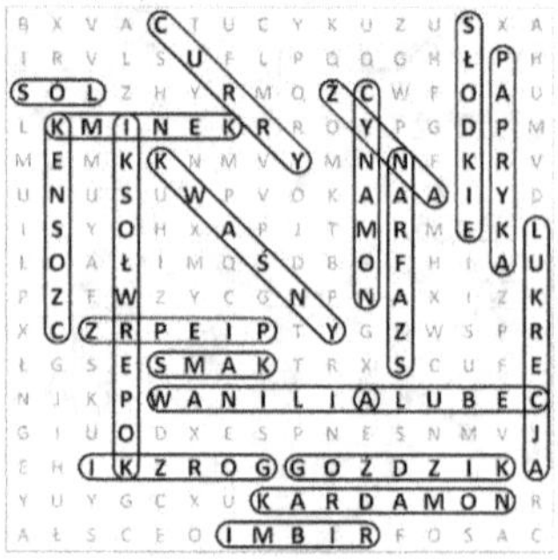

52 - Kreativität

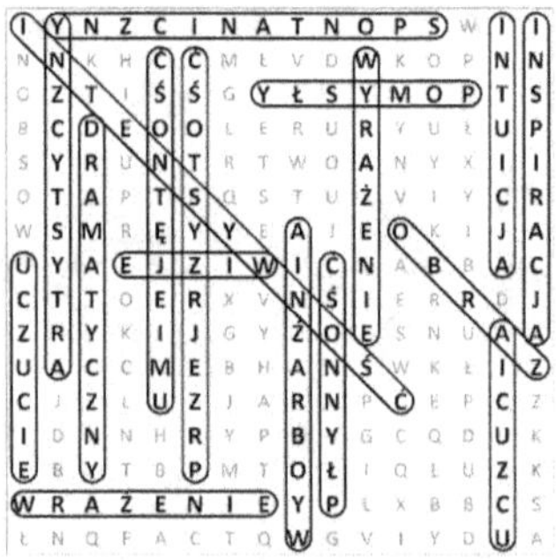

53 - Geschäft

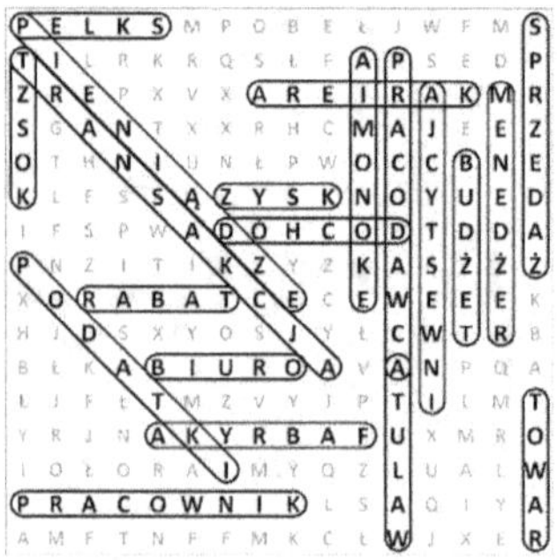

54 - Ingenieurwesen

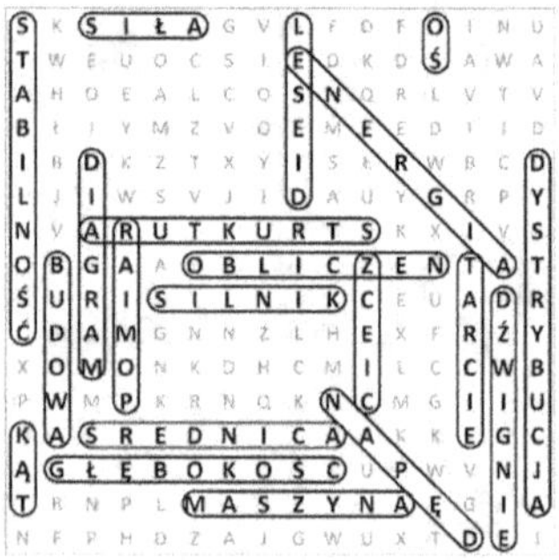

55 - Kaffee

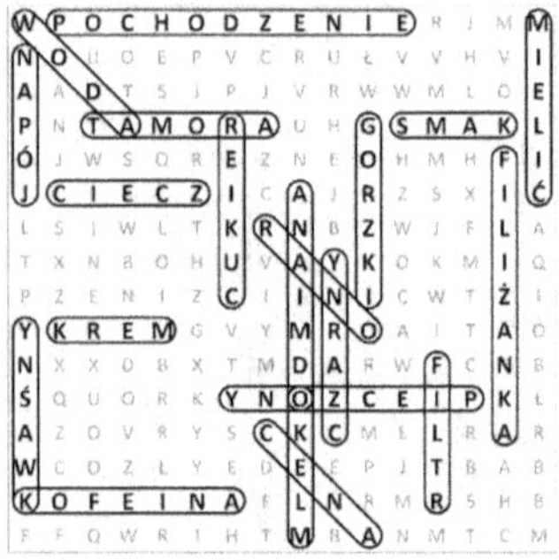

56 - Gemüse

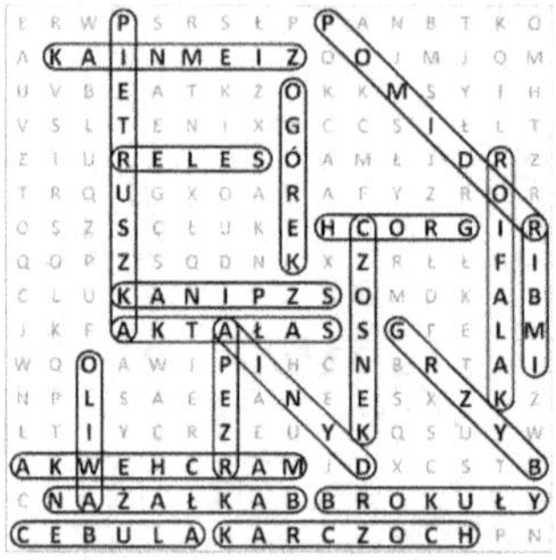

57 - Schönheit

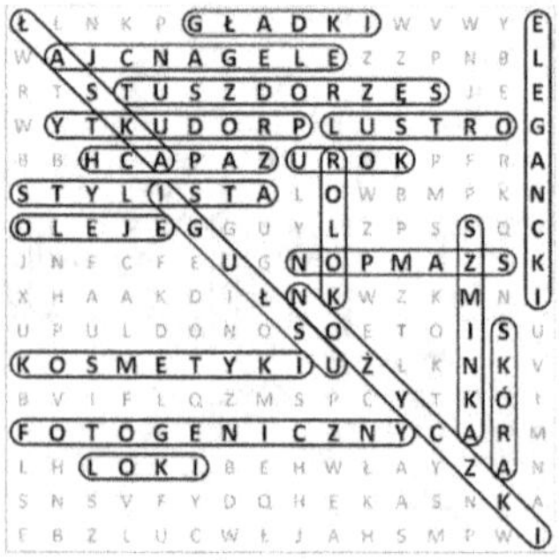

58 - Tanzen

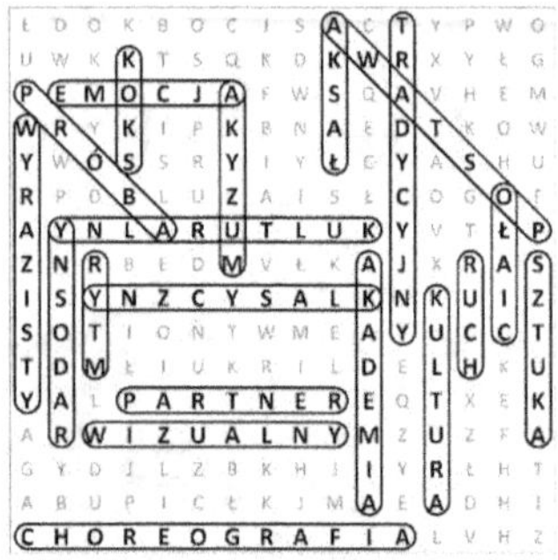

59 - Ernährung

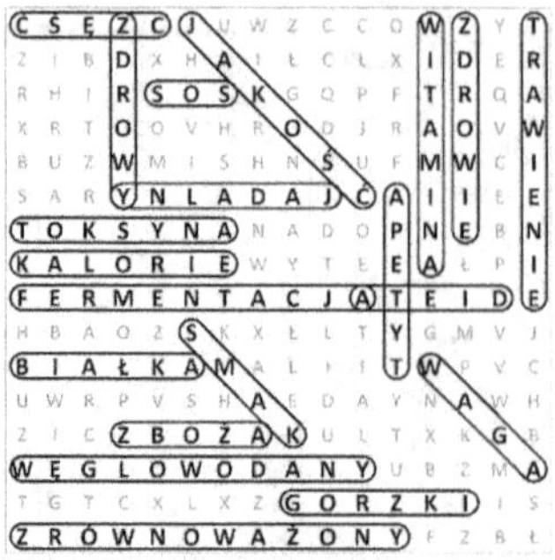

60 - Länder #1

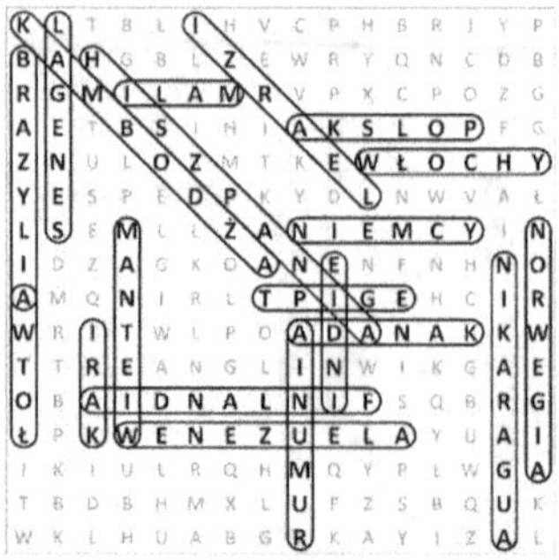

61 - Science Fiction

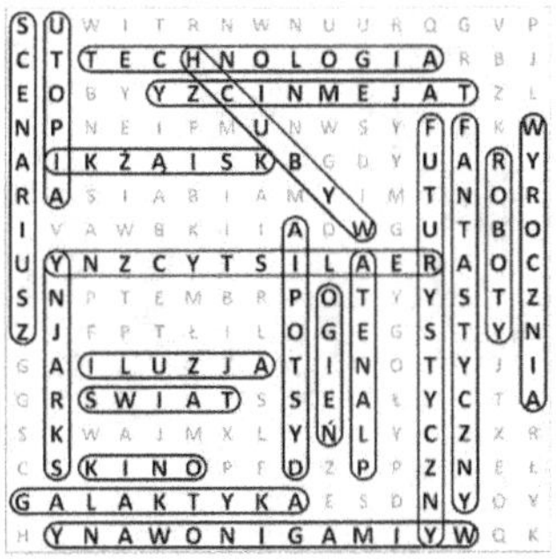

62 - Literatur

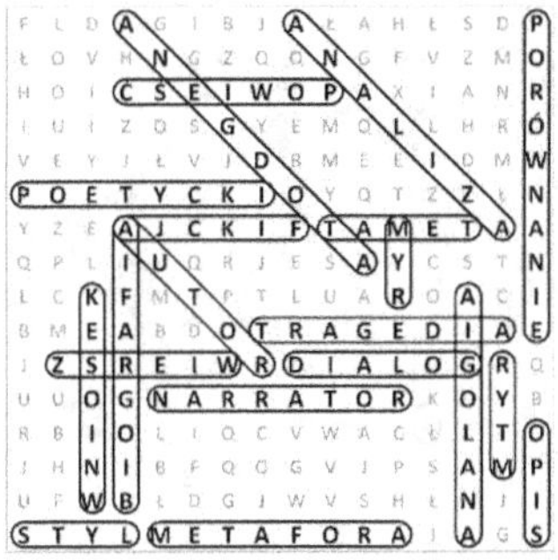

63 - Wandern

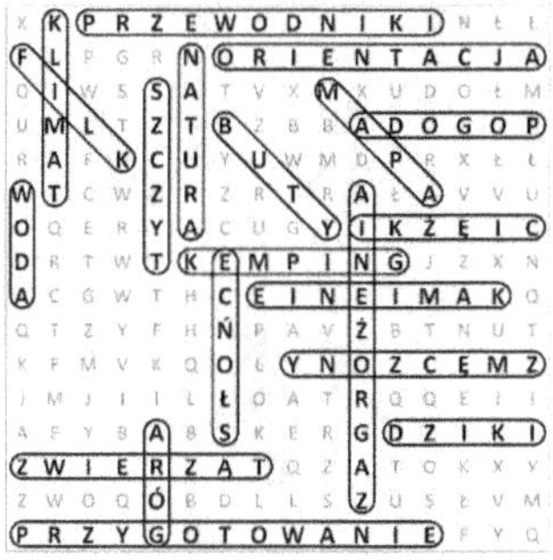

64 - Globale Erwärmung

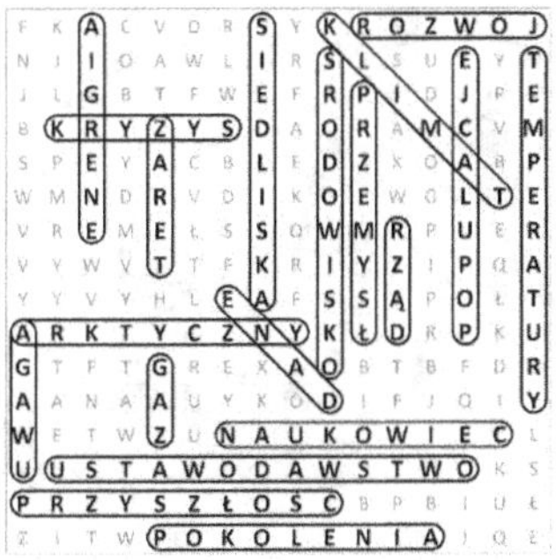

65 - Länder #2

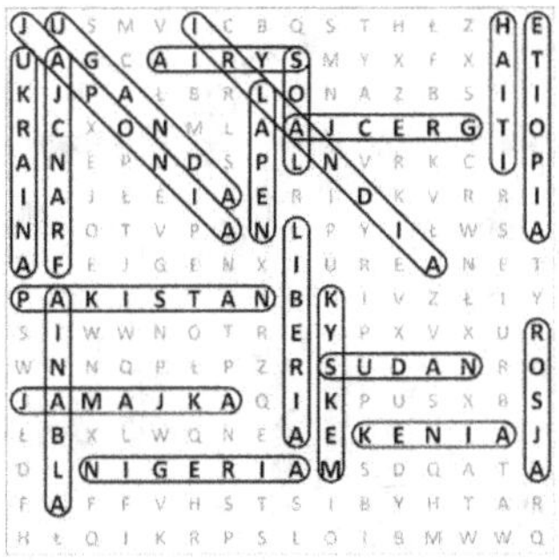

66 - Fahrzeuge

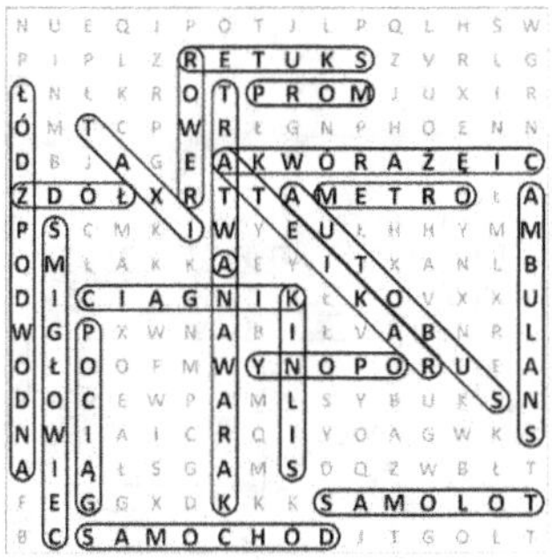

67 - Musikinstrumente

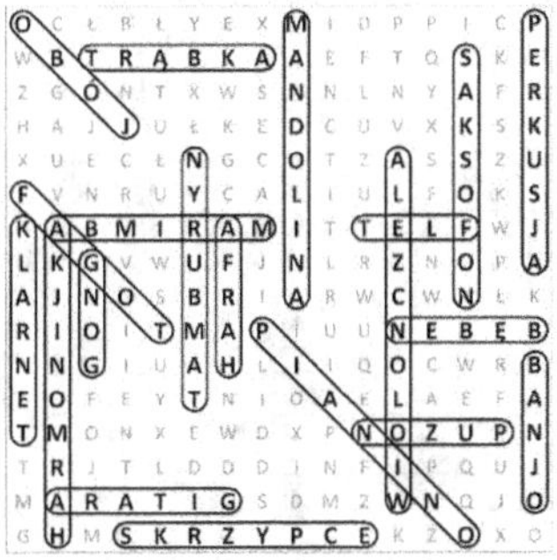

68 - Blumen

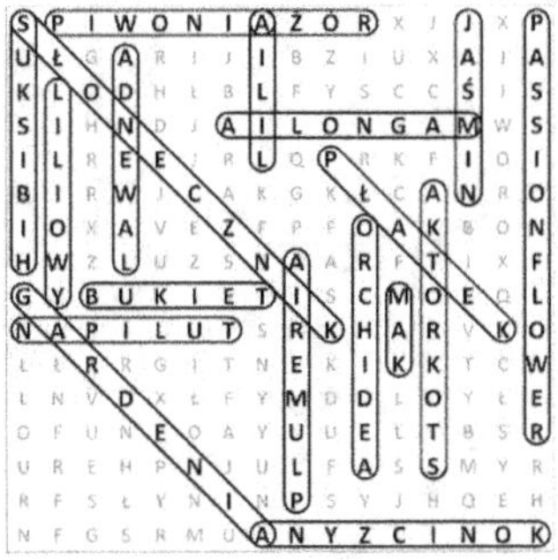

69 - Natur

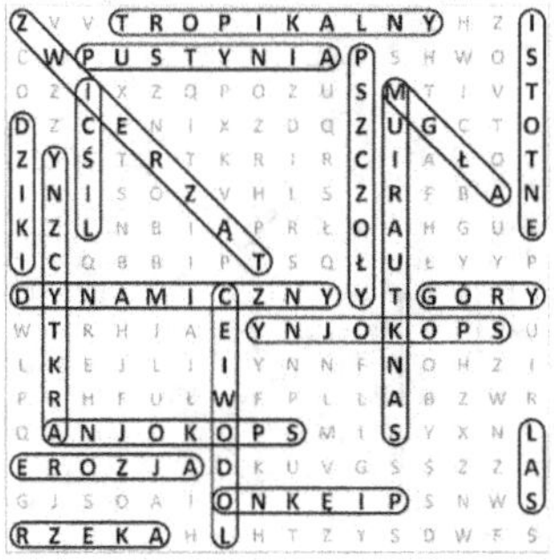

70 - Urlaub #2

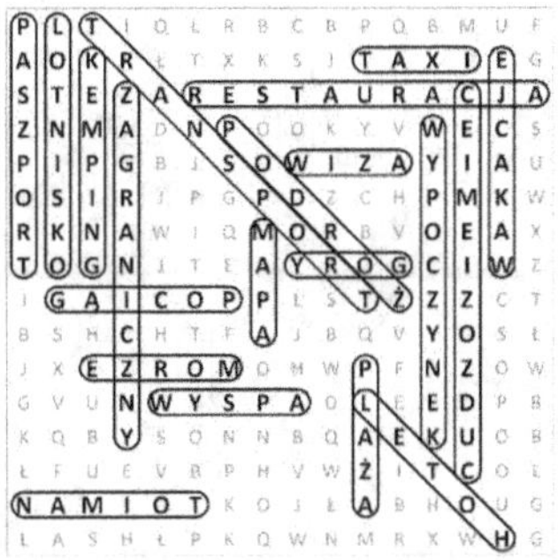

71 - Barbecues

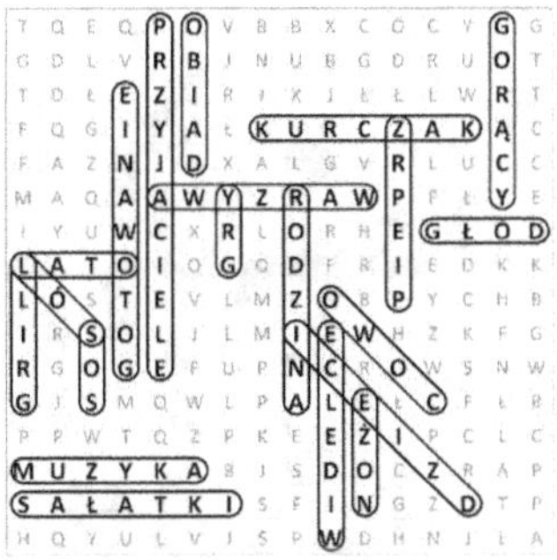

72 - Küche

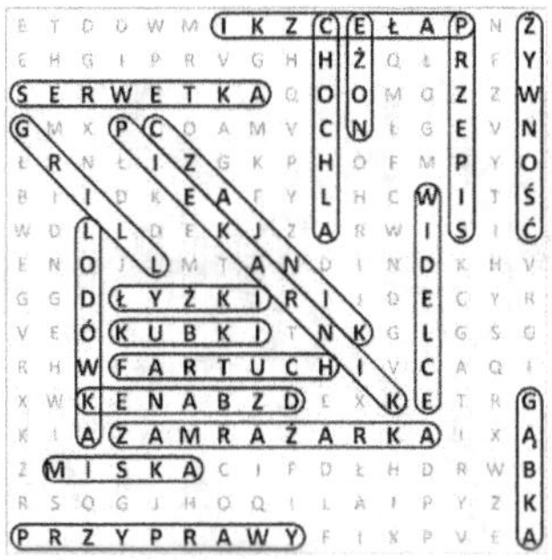

73 - Geographie

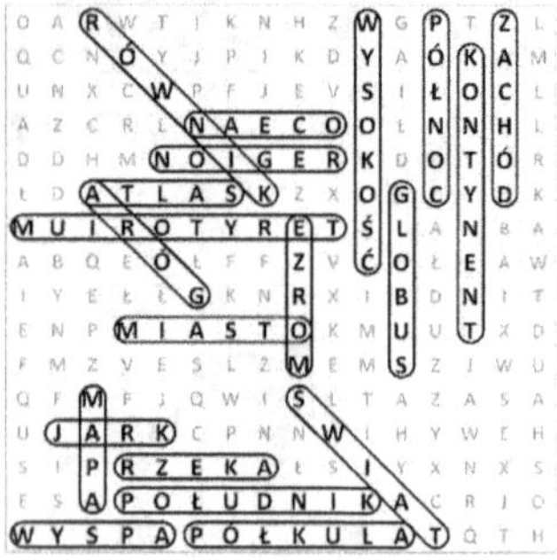

74 - Zahlen

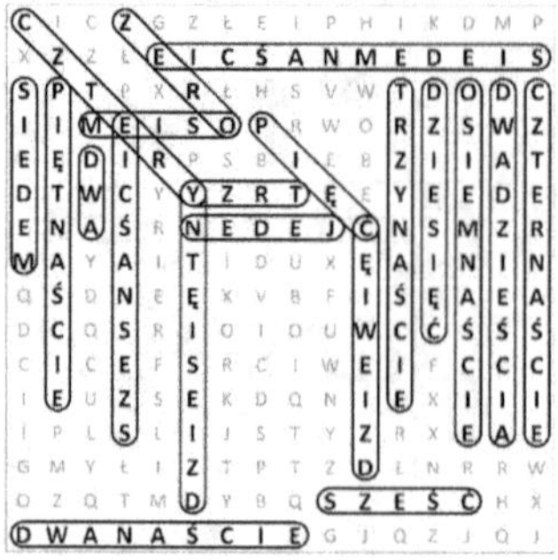

75 - Tage und Monate

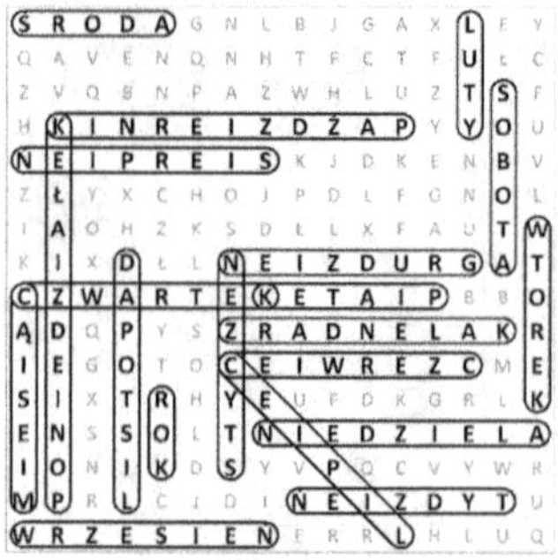

76 - Zu Füllen

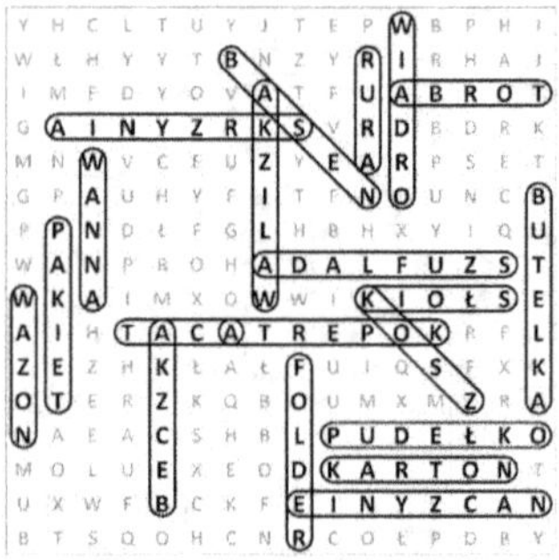

77 - Das Unternehmen

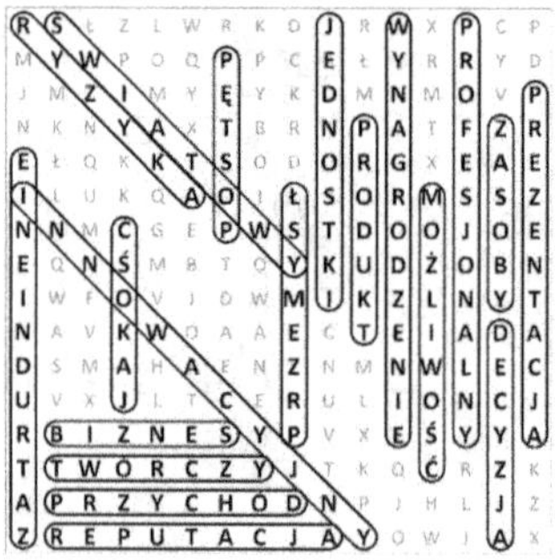

78 - Kräuterkunde

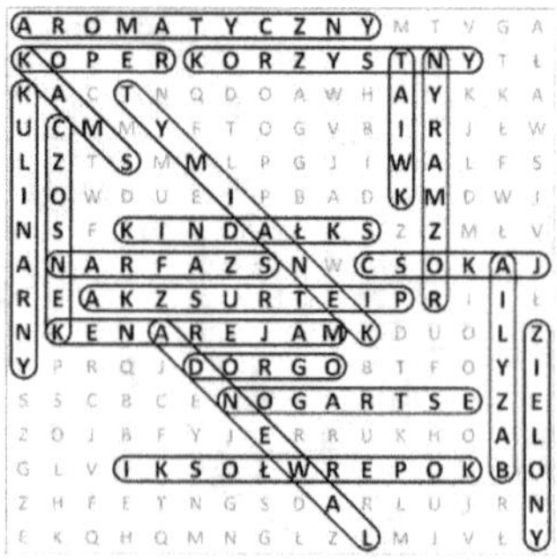

79 - Aktivitäten und Freizeit

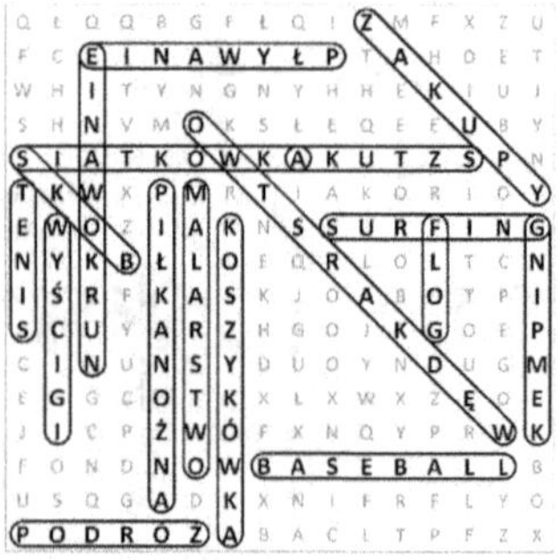

80 - Formen

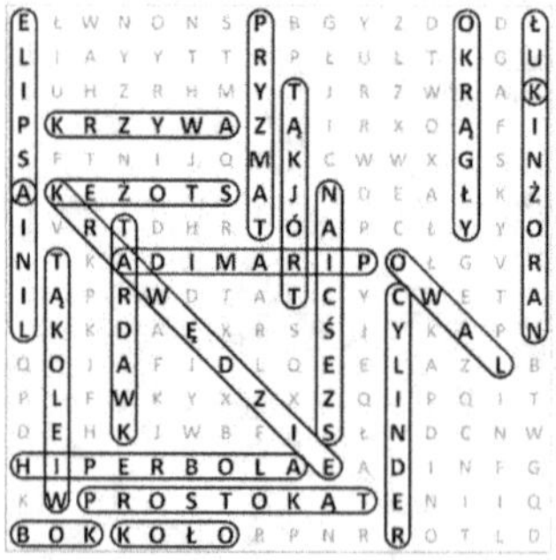

81 - Musik

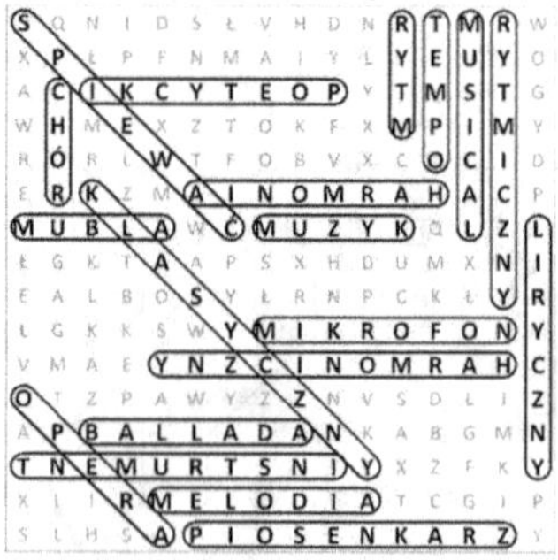

82 - Antiquitäten

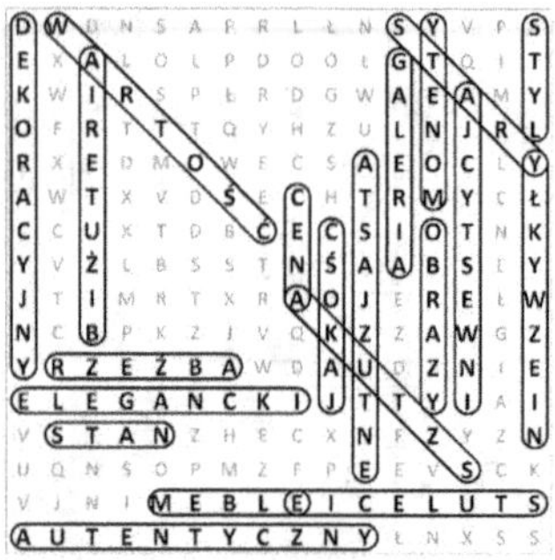

83 - Adjektive #2

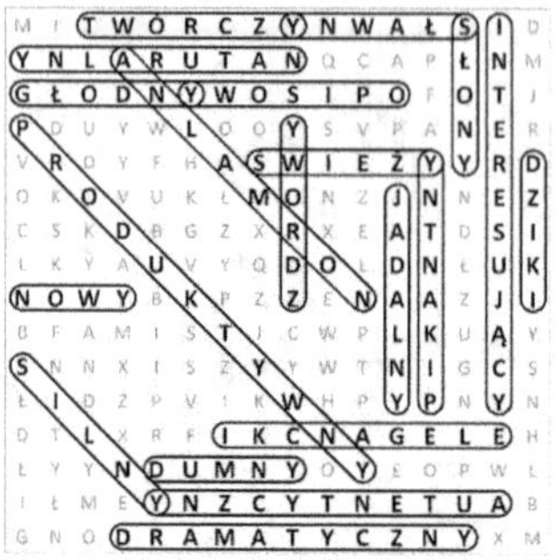

84 - Kleidung

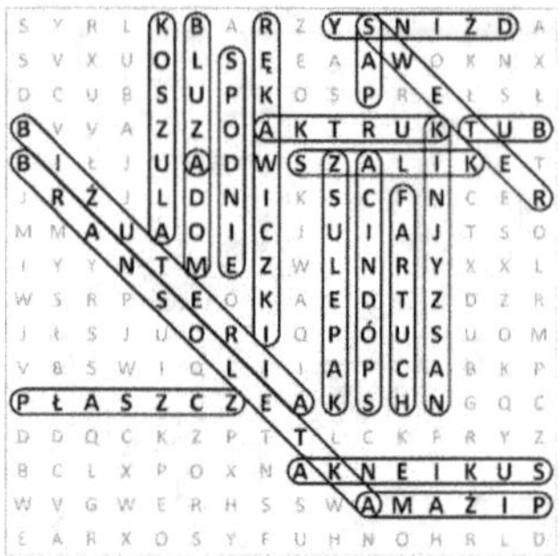

85 - Haus

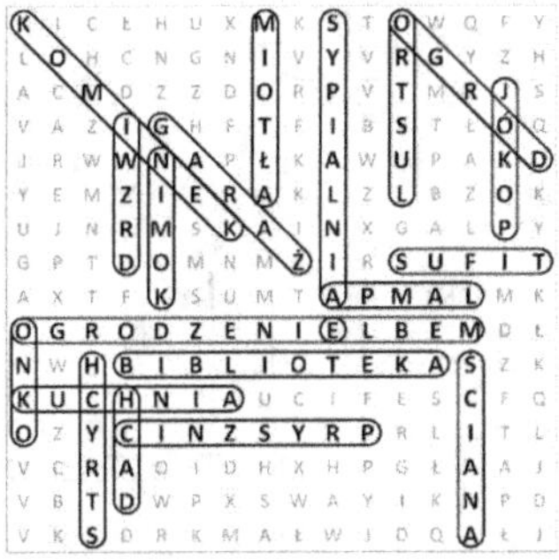

86 - Bauernhof #1

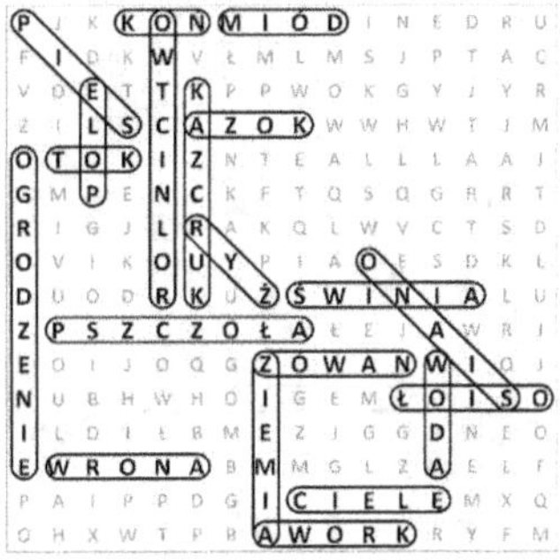

87 - Regierung

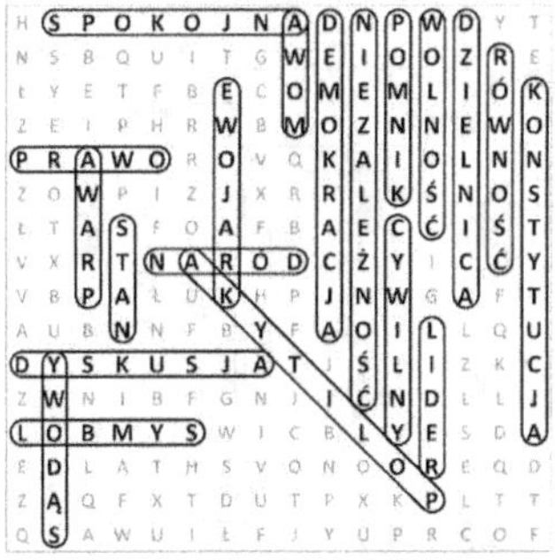

88 - Berufe #1

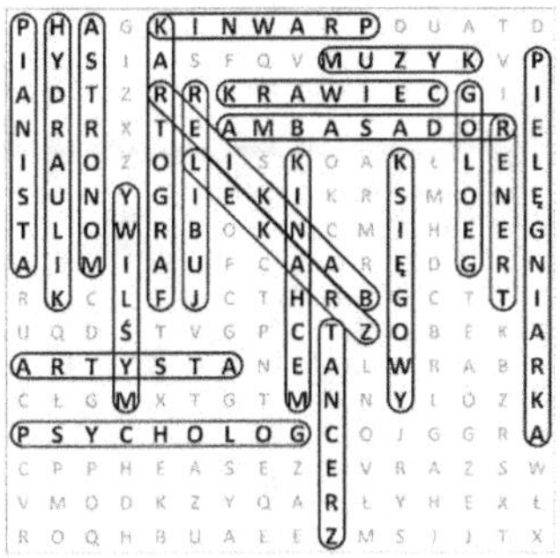

89 - Adjektive #1

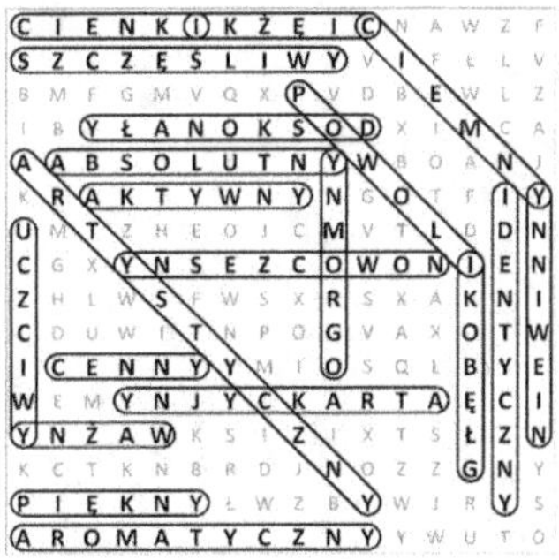

90 - Geometrie

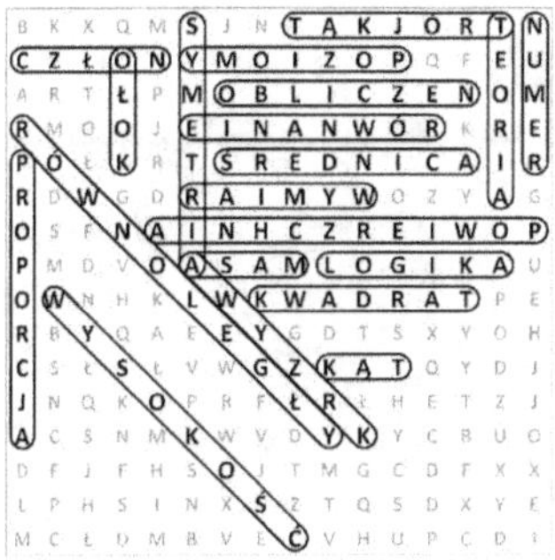

91 - Jazz

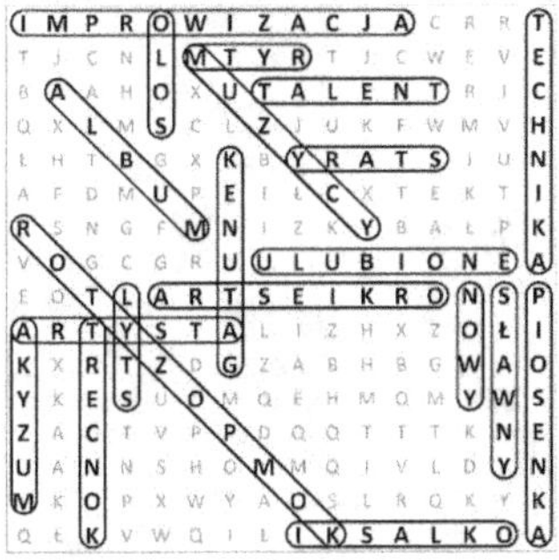

92 - Mathematik

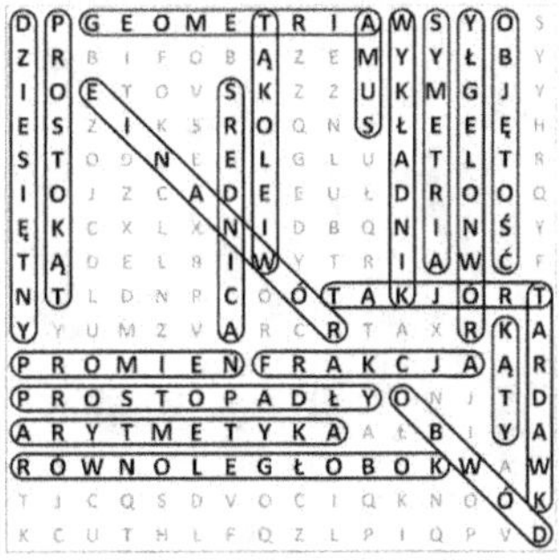

93 - Messungen

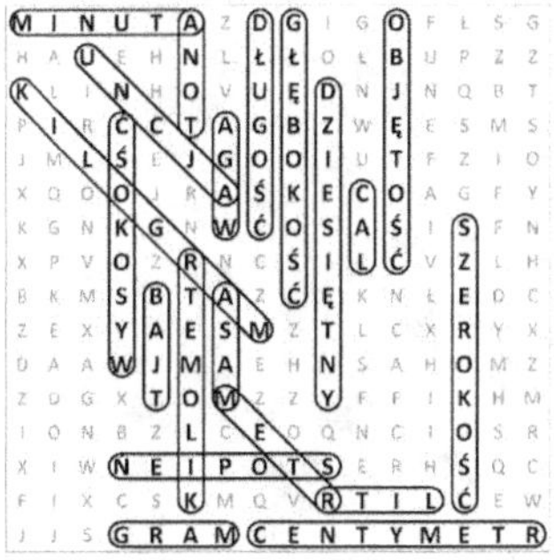

94 - Psychologie

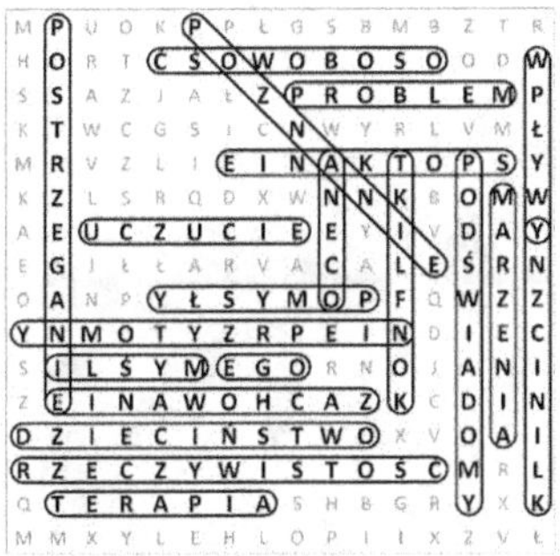

95 - Bauernhof #2

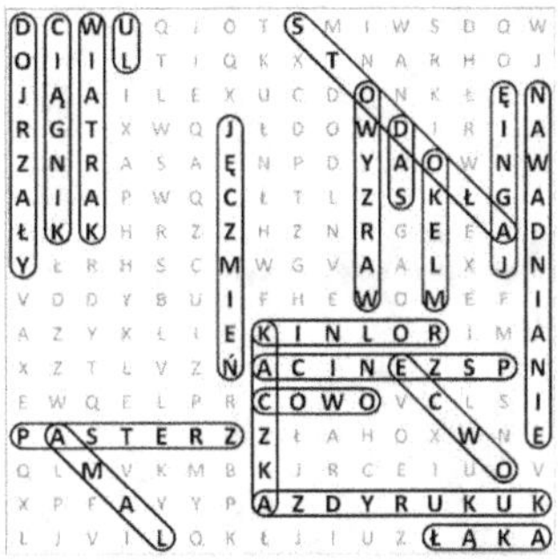

96 - Gartenarbeit

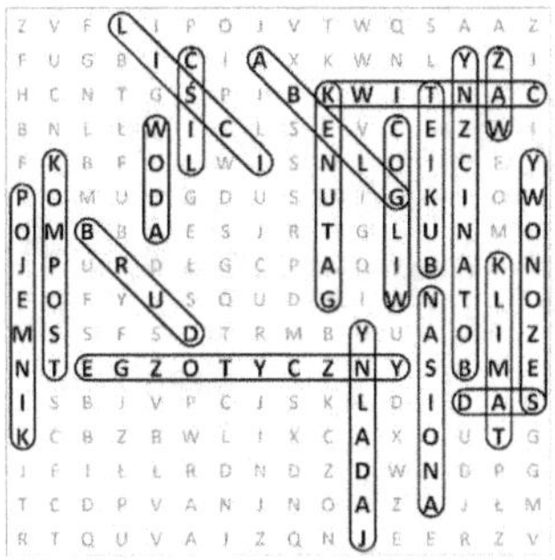

97 - Berufe #2

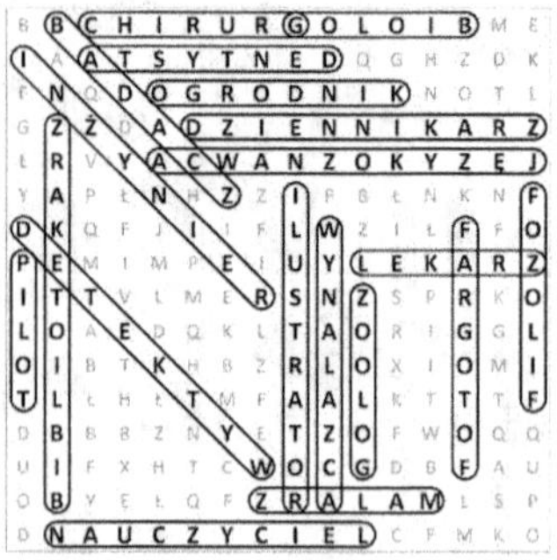

98 - Wetter

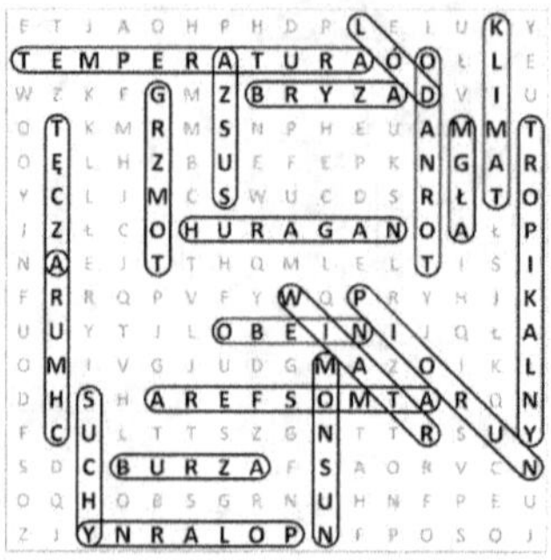

99 - Chemie

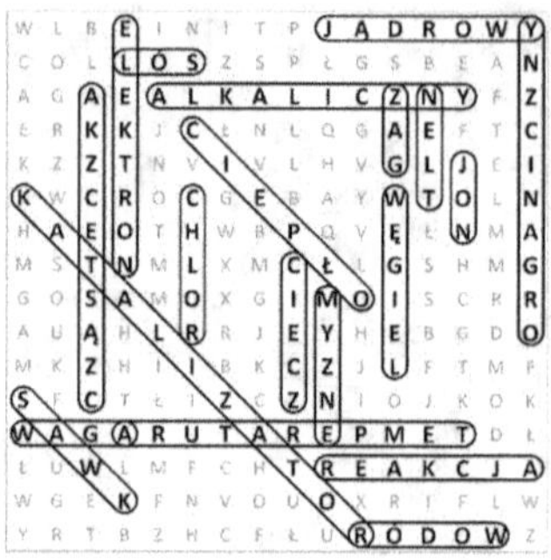

Wörterbuch

Adjektive #1
Przymiotniki # 1

Absolut	Absolutny
Aktiv	Aktywny
Aromatisch	Aromatyczny
Attraktiv	Atrakcyjny
Dunkel	Ciemny
Dünn	Cienki
Ehrlich	Uczciwy
Glücklich	Szczęśliwy
Identisch	Identyczny
Künstlerisch	Artystyczny
Langsam	Powoli
Modern	Nowoczesny
Perfekt	Doskonały
Riesig	Ogromny
Schön	Piękny
Schwer	Ciężki
Tief	Głęboki
Unschuldig	Niewinny
Wertvoll	Cenny
Wichtig	Ważny

Adjektive #2
Przymiotniki # 2

Authentisch	Autentyczny
Berühmt	Sławny
Beschreibend	Opisowy
Dramatisch	Dramatyczny
Elegant	Elegancki
Essbar	Jadalny
Frisch	Świeży
Gesund	Zdrowy
Hungrig	Głodny
Interessant	Interesujący
Kreativ	Twórczy
Natürlich	Naturalny
Neu	Nowy
Normal	Normalna
Produktiv	Produktywny
Salzig	Słony
Stark	Silny
Stolz	Dumny
Wild	Dziki
Würzig	Pikantny

Agronomie
Agronomia

Boden	Gleba
Dünger	Nawóz
Energie	Energia
Erosion	Erozja
Forschung	Badania
Gemüse	Warzywa
Krankheit	Choroby
Landwirtschaft	Rolnictwo
Ländlich	Wiejski
Nachhaltig	Zrównoważony
Organisch	Organiczny
Ökologie	Ekologia
Pflanzen	Rośliny
Produktion	Produkcja
Studie	Badanie
Systeme	Systemy
Umwelt	Środowisko
Wachstum	Wzrost
Wasser	Woda
Wissenschaft	Nauka

Aktivitäten
Działalność

Aktivität	Działalność
Angeln	Wędkarstwo
Camping	Kemping
Entspannung	Relaks
Fähigkeit	Umiejętność
Fotografie	Fotografia
Freizeit	Wypoczynek
Gartenarbeit	Ogrodnictwo
Jagd	Polowanie
Keramik	Ceramika
Kunst	Sztuka
Kunsthandwerk	Rzemiosła
Lesen	Czytanie
Magie	Magia
Nähen	Szycie
Spiele	Gry
Tanzen	Taniec
Vergnügen	Przyjemność
Wandern	Wędrówki

Aktivitäten und Freizeit
Aktywność i Wypoczynek

Angeln	Wędkarstwo
Baseball	Baseball
Basketball	Koszykówka
Boxen	Boks
Camping	Kemping
Einkaufen	Zakupy
Entspannend	Odprężający
Fussball	Piłka Nożna
Gartenarbeit	Ogrodnictwo
Gemälde	Malarstwo
Golf	Golf
Kunst	Sztuka
Reise	Podróż
Rennen	Wyścigi
Schwimmen	Pływanie
Surfen	Surfing
Tauchen	Nurkowanie
Tennis	Tenis
Volleyball	Siatkówka
Wandern	Wędrówki

Algebra
Algebra

Bruchteil	Frakcja
Diagramm	Diagram
Exponent	Wykładnik
Faktor	Czynnik
Falsch	Fałszywe
Formel	Formuła
Gleichung	Równanie
Linear	Liniowy
Lösen	Rozwiązać
Lösung	Rozwiązanie
Matrix	Matryca
Menge	Ilość
Null	Zero
Nummer	Numer
Problem	Problem
Subtraktion	Odejmowanie
Summe	Suma
Unendlich	Nieskończony
Variable	Zmienna
Vereinfachen	Uprościć

Antarktis
Antarktyda

Bucht	Zatoka
Eis	Lód
Erhaltung	Ochrona
Expedition	Wyprawa
Felsig	Skalisty
Forscher	Badacz
Geographie	Geografia
Gletscher	Lodowce
Halbinsel	Półwysep
Kontinent	Kontynent
Migration	Migracja
Mineralien	Minerały
Temperatur	Temperatura
Topographie	Topografia
Umwelt	Środowisko
Vögel	Ptaki
Wasser	Woda
Wetter	Pogoda
Wind	Wiatry
Wissenschaftlich	Naukowy

Antiquitäten
Antyki

Alt	Stary
Authentisch	Autentyczny
Dekorativ	Dekoracyjny
Elegant	Elegancki
Enthusiast	Entuzjasta
Galerie	Galeria
Gemälde	Obrazy
Investition	Inwestycja
Jahrhundert	Stulecie
Kunst	Sztuka
Möbel	Meble
Münzen	Monety
Preis	Cena
Qualität	Jakość
Schmuck	Biżuteria
Skulptur	Rzeźba
Stil	Styl
Ungewöhnlich	Niezwykły
Wert	Wartość
Zustand	Stan

Archäologie
Archeologia

Analyse	Analiza
Antiquität	Antyk
Auswertung	Ocena
Ära	Era
Experte	Ekspert
Forscher	Badacz
Fossil	Skamieniałość
Geheimnis	Zagadka
Grab	Grobowiec
Knochen	Kości
Mannschaft	Zespół
Nachkomme	Potomek
Objekte	Obiekty
Professor	Profesor
Relikt	Relikt
Tempel	Świątynia
Unbekannt	Nieznany
Uralt	Starożytny
Vergessen	Zapomniany
Zivilisation	Cywilizacja

Astronomie
Astronomia

Asteroid	Asteroida
Astronaut	Astronauta
Astronom	Astronom
Erde	Ziemia
Himmel	Niebo
Komet	Kometa
Konstellation	Konstelacja
Kosmos	Kosmos
Meteor	Meteor
Mond	Księżyc
Nebel	Mgławica
Observatorium	Obserwatorium
Planet	Planeta
Rakete	Rakieta
Satellit	Satelita
Stern	Gwiazda
Supernova	Supernowa
Teleskop	Teleskop
Tierkreis	Zodiak
Universum	Wszechświat

Ballett
Balet

Anmutig	Wdzięczny
Applaus	Oklaski
Ausdrucksvoll	Wyrazisty
Ballerina	Balerina
Choreographie	Choreografia
Fähigkeit	Umiejętność
Geste	Gest
Intensität	Intensywność
Komponist	Kompozytor
Künstlerisch	Artystyczny
Musik	Muzyka
Muskel	Mięśnie
Orchester	Orkiestra
Probe	Próba
Publikum	Publiczność
Rhythmus	Rytm
Solo	Solo
Stil	Styl
Tänzer	Tancerze
Technik	Technika

Barbecues
Grillowanie

Abendessen	Obiad
Familie	Rodzina
Freunde	Przyjaciele
Frucht	Owoc
Gabeln	Widelce
Gemüse	Warzywa
Grill	Grill
Heiss	Gorący
Huhn	Kurczak
Hunger	Głód
Kinder	Dzieci
Kochen	Gotowanie
Messer	Noże
Musik	Muzyka
Pfeffer	Pieprz
Salate	Sałatki
Salz	Sól
Sommer	Lato
Sosse	Sos
Spiele	Gry

Bauernhof #1
Gospodarstwo #1

Biene	Pszczoła
Dünger	Nawóz
Esel	Osioł
Feld	Pole
Heu	Siano
Honig	Miód
Huhn	Kurczak
Hund	Pies
Kalb	Cielę
Katze	Kot
Krähe	Wrona
Kuh	Krowa
Land	Ziemia
Landwirtschaft	Rolnictwo
Pferd	Koń
Reis	Ryż
Schwein	Świnia
Wasser	Woda
Zaun	Ogrodzenie
Ziege	Koza

Bauernhof #2
Gospodarstwo #2

Bauer	Rolnik
Bewässerung	Nawadnianie
Bienenstock	Ul
Ente	Kaczka
Frucht	Owoc
Gemüse	Warzywo
Gerste	Jęczmień
Lama	Lama
Lamm	Jagnię
Mais	Kukurydza
Milch	Mleko
Obstgarten	Sad
Reif	Dojrzały
Schaf	Owce
Schäfer	Pasterz
Scheune	Stodoła
Traktor	Ciągnik
Weizen	Pszenica
Wiese	Łąka
Windmühle	Wiatrak

Berufe #1
Zawody # 1

Arzt	Lekarz
Astronom	Astronom
Bankier	Bankier
Botschafter	Ambasador
Buchhalter	Księgowy
Geologe	Geolog
Jäger	Myśliwy
Juwelier	Jubiler
Kartograph	Kartograf
Klempner	Hydraulik
Krankenschwester	Pielęgniarka
Künstler	Artysta
Mechaniker	Mechanik
Musiker	Muzyk
Pianist	Pianista
Psychologe	Psycholog
Rechtsanwalt	Prawnik
Schneider	Krawiec
Tänzer	Tancerz
Trainer	Trener

Berufe #2
Zawody # 2

Arzt	Lekarz
Astronaut	Astronauta
Bibliothekar	Bibliotekarz
Biologe	Biolog
Chirurg	Chirurg
Detektiv	Detektyw
Erfinder	Wynalazca
Forscher	Badacz
Fotograf	Fotograf
Gärtner	Ogrodnik
Illustrator	Ilustrator
Ingenieur	Inżynier
Journalist	Dziennikarz
Lehrer	Nauczyciel
Linguist	Językoznawca
Maler	Malarz
Philosoph	Filozof
Pilot	Pilot
Zahnarzt	Dentysta
Zoologe	Zoolog

Bienen
Pszczoły

Bestäuber	Zapylacz
Bienenkorb	Ul
Blumen	Kwiaty
Blüte	Kwitnąć
Flügel	Skrzydła
Frucht	Owoc
Garten	Ogród
Honig	Miód
Insekt	Owad
Königin	Królowa
Lebensraum	Siedlisko
Ökosystem	Ekosystem
Pflanzen	Rośliny
Pollen	Pyłek
Rauch	Dym
Schwarm	Rój
Sonne	Słońce
Vielfalt	Różnorodność
Vorteilhaft	Korzystny
Wachs	Wosk

Biologie
Biologia

Anatomie	Anatomia
Chromosom	Chromosom
Embryo	Zarodek
Enzym	Enzym
Evolution	Ewolucja
Hormon	Hormon
Kollagen	Kolagen
Mutation	Mutacja
Natürlich	Naturalny
Nerv	Nerw
Neuron	Neuron
Osmose	Osmoza
Pflanzen	Rośliny
Photosynthese	Fotosynteza
Protein	Białko
Reptil	Gad
Säugetier	Ssak
Symbiose	Symbioza
Synapse	Synapsa
Zelle	Komórka

Blumen
Kwiaty

Blütenblatt	Płatek
Gardenie	Gardenia
Gänseblümchen	Stokrotka
Hibiskus	Hibiskus
Jasmin	Jaśmin
Klee	Koniczyna
Lavendel	Lawenda
Lila	Liliowy
Lilie	Lilia
Magnolie	Magnolia
Mohn	Mak
Orchidee	Orchidea
Passionsblume	Passionflower
Pfingstrose	Piwonia
Plumeria	Plumeria
Rose	Róża
Sonnenblume	Słonecznik
Strauss	Bukiet
Tulpe	Tulipan

Boote
Łodzie

Anker	Kotwica
Boje	Boja
Crew	Załoga
Dock	Dok
Fähre	Prom
Floss	Tratwa
Fluss	Rzeka
Kanu	Kajak
Maritim	Morski
Mast	Maszt
Meer	Morze
Motor	Silnik
Nautisch	Nautyczny
Ozean	Ocean
See	Jezioro
Seemann	Marynarz
Segelboot	Żaglówka
Seil	Lina
Wellen	Fale
Yacht	Jacht

Bücher
Książki

Abenteuer	Przygoda
Autor	Autor
Dualität	Dualizm
Episch	Epicki
Erfinderisch	Wynalazczy
Erzähler	Narrator
Gedicht	Wiersz
Geschichte	Historia
Geschrieben	Pisemny
Historisch	Historyczny
Humorvoll	Humorystyczny
Kollektion	Kolekcja
Kontext	Kontekst
Leser	Czytelnik
Literarisch	Literacki
Poesie	Poezja
Roman	Powieść
Seite	Strona
Serie	Seria
Tragisch	Tragiczny

Camping
Kemping

Abenteuer	Przygoda
Berg	Góra
Feuer	Ogień
Hängematte	Hamak
Hut	Kapelusz
Insekt	Owad
Jagd	Polowanie
Kabine	Kabina
Kanu	Kajak
Karte	Mapa
Kompass	Kompas
Laterne	Latarnia
Mond	Księżyc
Natur	Natura
See	Jezioro
Seil	Lina
Spass	Zabawa
Tiere	Zwierząt
Wald	Las
Zelt	Namiot

Chemie
Chemia

Alkalisch	Alkaliczny
Chlor	Chlor
Elektron	Elektron
Enzym	Enzym
Flüssigkeit	Ciecz
Gas	Gaz
Gewicht	Waga
Hitze	Ciepło
Ion	Jon
Katalysator	Katalizator
Kohlenstoff	Węgiel
Molekül	Cząsteczka
Nuklear	Jądrowy
Organisch	Organiczny
Reaktion	Reakcja
Salz	Sól
Sauerstoff	Tlen
Säure	Kwas
Temperatur	Temperatura
Wasserstoff	Wodór

Das Unternehmen
Przedsiębiorstwo

Beschäftigung	Zatrudnienie
Einheiten	Jednostki
Einnahmen	Przychód
Entscheidung	Decyzja
Fortschritt	Postęp
Geschäft	Biznes
Global	Światowy
Industrie	Przemysł
Innovativ	Innowacyjny
Investition	Inwestycja
Kreativ	Twórczy
Löhne	Wynagrodzenie
Möglichkeit	Możliwość
Präsentation	Prezentacja
Produkt	Produkt
Professionell	Profesjonalny
Qualität	Jakość
Ressourcen	Zasoby
Risiken	Ryzyka
Ruf	Reputacja

Diplomatie
Dyplomacja

Auflösung	Rezolucja
Ausländisch	Zagraniczny
Berater	Doradca
Botschaft	Ambasada
Botschafter	Ambasador
Bürger	Obywatele
Diplomatisch	Dyplomatyczny
Diskussion	Dyskusja
Ethik	Etyka
Gemeinschaft	Społeczność
Humanitär	Humanitarny
Integrität	Uczciwość
Konflikt	Konflikt
Lösung	Rozwiązanie
Politik	Polityka
Regierung	Rząd
Sprachen	Języki
Staatsbürgerlich	Obywatelski
Vertrag	Traktat
Zusammenarbeit	Współpraca

Elektrizität
Elektryczność

Ausrüstung	Sprzęt
Batterie	Bateria
Drähte	Przewody
Elektriker	Elektryk
Elektrisch	Elektryczny
Fernsehen	Telewizja
Generator	Generator
Kabel	Kabel
Lagerung	Składowanie
Lampe	Lampa
Laser	Laser
Magnet	Magnes
Menge	Ilość
Negativ	Minus
Netzwerk	Sieć
Objekte	Obiekty
Positiv	Plus
Steckdose	Gniazdo
Telefon	Telefon

Energie
Energia

Batterie	Bateria
Benzin	Benzyna
Brennstoff	Paliwo
Dampf	Parowy
Diesel	Diesel
Elektrisch	Elektryczny
Elektron	Elektron
Entropie	Entropia
Erneuerbar	Odnawialne
Hitze	Ciepło
Industrie	Przemysł
Kohlenstoff	Węgiel
Motor	Silnik
Nuklear	Jądrowy
Photon	Foton
Sonne	Słońce
Turbine	Turbina
Umwelt	Środowisko
Wasserstoff	Wodór
Wind	Wiatr

Ernährung
Odżywianie

Appetit	Apetyt
Ausgewogen	Zrównoważony
Bitter	Gorzki
Diät	Dieta
Essbar	Jadalny
Fermentation	Fermentacja
Geschmack	Smak
Gesund	Zdrowy
Gesundheit	Zdrowie
Getreide	Zboża
Gewicht	Waga
Kalorien	Kalorie
Kohlenhydrate	Węglowodany
Portion	Część
Proteine	Białka
Qualität	Jakość
Sosse	Sos
Toxin	Toksyna
Verdauung	Trawienie
Vitamin	Witamina

Essen #1
Jedzenie # 1

Basilikum	Bazylia
Birne	Gruszka
Erdbeere	Truskawka
Erdnuss	Arachid
Fleisch	Mięso
Kaffee	Kawa
Karotte	Marchewka
Knoblauch	Czosnek
Milch	Mleko
Rübe	Rzepa
Saft	Sok
Salat	Sałatka
Salz	Sól
Spinat	Szpinak
Suppe	Zupa
Thunfisch	Tuńczyk
Zimt	Cynamon
Zitrone	Cytryna
Zucker	Cukier
Zwiebel	Cebula

Essen #2
Jedzenie # 2

Apfel	Jabłko
Artischocke	Karczoch
Aubergine	Bakłażan
Banane	Banan
Brokkoli	Brokuły
Brot	Chleb
Ei	Jajko
Fisch	Ryba
Joghurt	Jogurt
Käse	Ser
Kirsche	Wiśnia
Mandel	Migdał
Pilz	Grzyb
Reis	Ryż
Schinken	Szynka
Schokolade	Czekolada
Sellerie	Seler
Spargel	Szparag
Tomate	Pomidor
Weizen	Pszenica

Ethik
Etyka

Altruismus	Altruizm
Diplomatisch	Dyplomatyczny
Freundlichkeit	Życzliwość
Geduld	Cierpliwość
Individualismus	Indywidualizm
Integrität	Uczciwość
Menschheit	Ludzkość
Mitgefühl	Współczucie
Optimismus	Optymizm
Philosophie	Filozofia
Rationalität	Racjonalność
Realismus	Realizm
Toleranz	Tolerancja
Vernünftig	Rozsądny
Weisheit	Mądrość
Werte	Wartości
Wohlwollend	Życzliwy
Würde	Godność
Zusammenarbeit	Współpraca

Fahren
Prowadzenie Pojazdów

Auto	Samochód
Bremsen	Hamulce
Brennstoff	Paliwo
Bus	Autobus
Fussgänger	Pieszy
Garage	Garaż
Gas	Gaz
Geschwindigkeit	Prędkość
Karte	Mapa
Lizenz	Licencja
Lkw	Ciężarówka
Motor	Silnik
Motorrad	Motocykl
Polizei	Policja
Strasse	Ulica
Transport	Transport
Tunnel	Tunel
Unfall	Wypadek
Verkehr	Ruch Drogowy
Vorsicht	Ostrożność

Fahrzeuge
Pojazdy

Auto	Samochód
Boot	Łódź
Bus	Autobus
Fahrrad	Rower
Fähre	Prom
Floss	Tratwa
Flugzeug	Samolot
Hubschrauber	Śmigłowiec
Krankenwagen	Ambulans
Lkw	Ciężarówka
Motor	Silnik
Rakete	Rakieta
Reifen	Opony
Roller	Skuter
Taxi	Taxi
Traktor	Ciągnik
U-Bahn	Metro
U-Boot	Łódź Podwodna
Wohnwagen	Karawana
Zug	Pociąg

Familie
Rodzina

Bruder	Brat
Ehefrau	Żona
Ehemann	Mąż
Enkel	Wnuk
Grossmutter	Babcia
Grossvater	Dziadek
Kind	Dziecko
Kindheit	Dzieciństwo
Mutter	Matka
Mütterlich	Macierzyński
Neffe	Bratanek
Nichte	Siostrzenica
Onkel	Wujek
Schwester	Siostra
Tante	Ciotka
Tochter	Córka
Vater	Ojciec
Väterlich	Ojcowski
Vetter	Kuzyn
Vorfahr	Przodek

Flugzeuge
Samoloty

Abenteuer	Przygoda
Abstieg	Zejście
Atmosphäre	Atmosfera
Ballon	Balon
Brennstoff	Paliwo
Crew	Załoga
Design	Projekt
Geschichte	Historia
Himmel	Niebo
Höhe	Wysokość
Konstruktion	Budowa
Luft	Powietrze
Motor	Silnik
Navigieren	Nawigować
Passagier	Pasażer
Pilot	Pilot
Propeller	Śmigła
Turbulenz	Turbulencja
Wasserstoff	Wodór
Wetter	Pogoda

Formen
Kształty

Bogen	Łuk
Dreieck	Trójkąt
Ecke	Narożnik
Ellipse	Elipsa
Hyperbel	Hiperbola
Kanten	Krawędzie
Kegel	Stożek
Kreis	Koło
Kurve	Krzywa
Linie	Linia
Oval	Owal
Polygon	Wielokąt
Prisma	Pryzmat
Pyramide	Piramida
Quadrat	Kwadrat
Rechteck	Prostokąt
Rund	Okrągły
Seite	Bok
Würfel	Sześcian
Zylinder	Cylinder

Garten
Ogród

Bank	Ławka
Baum	Drzewo
Blume	Kwiat
Boden	Gleba
Busch	Krzak
Garage	Garaż
Garten	Ogród
Gras	Trawa
Hängematte	Hamak
Obstgarten	Sad
Rasen	Trawnik
Rechen	Grabie
Schaufel	Łopata
Schlauch	Wąż
Teich	Staw
Terrasse	Taras
Trampolin	Trampolina
Unkraut	Chwasty
Veranda	Ganek
Zaun	Ogrodzenie

Gartenarbeit
Prace Ogrodowe

Art	Gatunek
Blatt	Liść
Blüte	Kwitnąć
Boden	Gleba
Botanisch	Botaniczny
Container	Pojemnik
Essbar	Jadalny
Exotisch	Egzotyczny
Feuchtigkeit	Wilgoć
Klima	Klimat
Kompost	Kompost
Laub	Liści
Obstgarten	Sad
Saat	Nasiona
Saisonal	Sezonowy
Schlauch	Wąż
Schmutz	Brud
Strauss	Bukiet
Wasser	Woda

Gebäude
Budynek

Botschaft	Ambasada
Fabrik	Fabryka
Garage	Garaż
Haus	Dom
Herberge	Hostel
Hotel	Hotel
Kabine	Kabina
Kino	Kino
Krankenhaus	Szpital
Labor	Laboratorium
Museum	Muzeum
Observatorium	Obserwatorium
Scheune	Stodoła
Schule	Szkoła
Stadion	Stadion
Supermarkt	Supermarket
Theater	Teatr
Turm	Wieża
Universität	Uniwersytet
Zelt	Namiot

Gemüse
Warzywa

Artischocke	Karczoch
Aubergine	Bakłażan
Blumenkohl	Kalafior
Brokkoli	Brokuły
Erbse	Groch
Gurke	Ogórek
Ingwer	Imbir
Karotte	Marchewka
Kartoffel	Ziemniak
Knoblauch	Czosnek
Kürbis	Dynia
Olive	Oliwa
Petersilie	Pietruszka
Pilz	Grzyb
Rübe	Rzepa
Salat	Sałatka
Sellerie	Seler
Spinat	Szpinak
Tomate	Pomidor
Zwiebel	Cebula

Geographie
Geografia

Atlas	Atlas
Äquator	Równik
Berg	Góra
Fluss	Rzeka
Gebiet	Terytorium
Globus	Globus
Hemisphäre	Półkula
Höhe	Wysokość
Insel	Wyspa
Karte	Mapa
Kontinent	Kontynent
Land	Kraj
Meer	Morze
Meridian	Południk
Norden	Północ
Ozean	Ocean
Region	Region
Stadt	Miasto
Welt	Świat
West	Zachód

Geologie
Geologia

Erosion	Erozja
Fossil	Skamieniałość
Geschmolzen	Ciekły
Geysir	Gejzer
Höhle	Grota
Kalzium	Wapń
Kontinent	Kontynent
Koralle	Koral
Lava	Lawa
Mineralien	Minerały
Plateau	Płaskowyż
Quarz	Kwarc
Salz	Sól
Säure	Kwas
Stalagmiten	Stalagmity
Stalaktit	Stalaktyt
Stein	Kamień
Vulkan	Wulkan
Zone	Strefa
Zyklen	Cykle

Geometrie

Geometria

Anteil	Proporcja
Berechnung	Obliczeń
Dimension	Wymiar
Dreieck	Trójkąt
Durchmesser	Średnica
Gleichung	Równanie
Horizontal	Poziomy
Höhe	Wysokość
Kreis	Koło
Kurve	Krzywa
Logik	Logika
Masse	Masa
Nummer	Numer
Oberfläche	Powierzchnia
Parallel	Równoległy
Quadrat	Kwadrat
Segment	Człon
Symmetrie	Symetria
Theorie	Teoria
Winkel	Kąt

Geschäft

Biznes

Arbeitgeber	Pracodawca
Budget	Budżet
Büro	Biuro
Einkommen	Dochód
Fabrik	Fabryka
Geld	Pieniądze
Geschäft	Sklep
Gewinn	Zysk
Investition	Inwestycja
Karriere	Kariera
Kosten	Koszt
Manager	Menedżer
Mitarbeiter	Pracownik
Rabatt	Rabat
Steuern	Podatki
Transaktion	Transakcja
Verkauf	Sprzedaż
Ware	Towar
Währung	Waluta
Wirtschaft	Ekonomia

Gesundheit und Wellness #1

Zdrowie i Wellness # 1

Aktiv	Aktywny
Apotheke	Apteka
Arzt	Lekarz
Bakterien	Bakteria
Behandlung	Leczenie
Entspannung	Relaks
Fraktur	Złamanie
Gewohnheit	Nawyk
Haut	Skóra
Hormone	Hormony
Höhe	Wysokość
Hunger	Głód
Klinik	Klinika
Knochen	Kości
Medizin	Medycyna
Medizinisch	Medyczny
Nerven	Nerwy
Reflex	Odruch
Therapie	Terapia
Virus	Wirus

Gesundheit und Wellness #2

Zdrowie i Wellness # 2

Allergie	Alergia
Anatomie	Anatomia
Appetit	Apetyt
Blut	Krew
Diät	Dieta
Energie	Energia
Genetik	Genetyka
Gesund	Zdrowy
Gewicht	Waga
Hygiene	Higiena
Infektion	Infekcja
Kalorie	Kaloria
Krankenhaus	Szpital
Krankheit	Choroba
Massage	Masaż
Risiken	Ryzyka
Schlafen	Sen
Sport	Sporty
Stress	Stres
Vitamin	Witamina

Gewürze

Przyprawy

Anis	Anyż
Bitter	Gorzki
Curry	Curry
Fenchel	Koper Włoski
Geschmack	Smak
Ingwer	Imbir
Kardamom	Kardamon
Knoblauch	Czosnek
Kreuzkümmel	Kminek
Lakritze	Lukrecja
Nelke	Goździk
Paprika	Papryka
Pfeffer	Pieprz
Safran	Szafran
Salz	Sól
Sauer	Kwaśny
Süss	Słodkie
Vanille	Wanilia
Zimt	Cynamon
Zwiebel	Cebula

Globale Erwärmung

Globalne Ocieplenie

Arktis	Arktyczny
Aufmerksamkeit	Uwaga
Bevölkerung	Populacje
Daten	Dane
Energie	Energia
Entwicklung	Rozwój
Gas	Gaz
Generationen	Pokolenia
Gesetzgebung	Ustawodawstwo
Industrie	Przemysł
Jetzt	Teraz
Klima	Klimat
Krise	Kryzys
Lebensraum	Siedliska
Regierung	Rząd
Temperaturen	Temperatury
Umwelt	Środowisko
Wissenschaftler	Naukowiec
Zukunft	Przyszłość

Haartypen
Rodzaje Włosów

Blond	Blond
Braun	Brązowy
Dick	Gruby
Dünn	Cienki
Farbig	Kolorowe
Geflochten	Pleciony
Gesund	Zdrowy
Grau	Szary
Kahl	Łysy
Kurz	Krótki
Lang	Długie
Locken	Loki
Lockig	Kręcone
Schwarz	Czarny
Silber	Srebro
Trocken	Suchy
Weich	Miękki
Weiss	Biały
Wellig	Falisty
Zöpfe	Warkocze

Haus
Dom

Besen	Miotła
Bibliothek	Biblioteka
Dach	Dach
Dachboden	Strych
Decke	Sufit
Dusche	Prysznic
Fenster	Okno
Garage	Garaż
Garten	Ogród
Kamin	Kominek
Küche	Kuchnia
Lampe	Lampa
Möbel	Meble
Schlafzimmer	Sypialnia
Schornstein	Komin
Spiegel	Lustro
Tür	Drzwi
Wand	Ściana
Zaun	Ogrodzenie
Zimmer	Pokój

Ingenieurwesen
Inżynieria

Achse	Oś
Antrieb	Napęd
Berechnung	Obliczeń
Diagramm	Diagram
Diesel	Diesel
Durchmesser	Średnica
Energie	Energia
Flüssigkeit	Ciecz
Hebel	Dźwignie
Konstruktion	Budowa
Maschine	Maszyna
Messung	Pomiar
Motor	Silnik
Reibung	Tarcie
Stabilität	Stabilność
Stärke	Siła
Struktur	Struktura
Tiefe	Głębokość
Verteilung	Dystrybucja
Winkel	Kąt

Insekten
Owady

Ameise	Mrówka
Biene	Pszczoła
Blattlaus	Mszyca
Floh	Pchła
Gottesanbeterin	Modliszka
Heuschrecke	Konik Polny
Hornisse	Szerszeń
Kakerlake	Karaluch
Käfer	Chrząszcz
Larve	Larwa
Libelle	Ważka
Marienkäfer	Biedronka
Motte	Ćma
Mücke	Komar
Schmetterling	Motyl
Termite	Termit
Wespe	Osa
Wurm	Robak
Zikade	Cykada

Jazz
Jazz

Album	Album
Alt	Stary
Applaus	Oklaski
Berühmt	Sławny
Favoriten	Ulubione
Genre	Gatunek
Improvisation	Improwizacja
Komponist	Kompozytor
Konzert	Koncert
Künstler	Artysta
Lied	Piosenka
Musik	Muzyka
Musiker	Muzycy
Neu	Nowy
Orchester	Orkiestra
Rhythmus	Rytm
Solo	Solo
Stil	Styl
Talent	Talent
Technik	Technika

Kaffee
Kawa

Aroma	Aromat
Bitter	Gorzki
Creme	Krem
Filter	Filtr
Flüssigkeit	Ciecz
Geröstet	Pieczony
Geschmack	Smak
Getränk	Napój
Koffein	Kofeina
Mahlen	Mielić
Milch	Mleko
Morgen	Rano
Preis	Cena
Sauer	Kwaśny
Schwarz	Czarny
Tasse	Filiżanka
Ursprung	Pochodzenie
Vielfalt	Odmiana
Wasser	Woda
Zucker	Cukier

Kleidung
Ubrania

Armband	Bransoletka
Bluse	Bluza
Gürtel	Pas
Halskette	Naszyjnik
Handschuhe	Rękawiczki
Hemd	Koszula
Hose	Spodnie
Hut	Kapelusz
Jacke	Kurtka
Jeans	Dżinsy
Kleid	Sukienka
Mantel	Płaszcz
Mode	Moda
Pullover	Sweter
Rock	Spódnica
Schal	Szalik
Schlafanzug	Piżama
Schmuck	Biżuteria
Schuh	But
Schürze	Fartuch

Krankheit
Choroby

Abdominal	Brzuszny
Allergien	Alergie
Ansteckend	Zaraźliwy
Atemwege	Oddechowy
Bakteriell	Bakteryjny
Chronisch	Chroniczny
Entzündung	Zapalenie
Erblich	Dziedziczny
Genetisch	Genetyczny
Gesundheit	Zdrowie
Herz	Serce
Immunität	Odporność
Knochen	Kości
Körper	Ciało
Neuropathie	Neuropatia
Schwach	Słaby
Sinus	Zatok
Syndrom	Zespół
Therapie	Terapia
Wellness	Wellness

Kräuterkunde
Zielarstwo

Aromatisch	Aromatyczny
Basilikum	Bazylia
Blume	Kwiat
Dill	Koper
Estragon	Estragon
Fenchel	Koper Włoski
Garten	Ogród
Geschmack	Smak
Grün	Zielony
Knoblauch	Czosnek
Kulinarisch	Kulinarny
Lavendel	Lawenda
Majoran	Majeranek
Petersilie	Pietruszka
Qualität	Jakość
Rosmarin	Rozmaryn
Safran	Szafran
Thymian	Tymianek
Vorteilhaft	Korzystny
Zutat	Składnik

Kreativität
Kreatywność

Ausdruck	Wyrażenie
Authentizität	Autentyczność
Bild	Obraz
Dramatisch	Dramatyczny
Eindruck	Wrażenie
Erfinderisch	Wynalazczy
Fähigkeit	Umiejętność
Flüssigkeit	Płynność
Gefühle	Uczucia
Ideen	Pomysły
Inspiration	Inspiracja
Intensität	Intensywność
Intuition	Intuicja
Klarheit	Przejrzystość
Künstlerisch	Artystyczny
Phantasie	Wyobraźnia
Sensation	Uczucie
Spontan	Spontaniczny
Visionen	Wizje
Vitalität	Witalność

Kunst
Sztuka

Ausdruck	Wyrażenie
Ehrlich	Uczciwy
Einfach	Prosty
Gegenstand	Temat
Gemälde	Obrazy
Inspiriert	Zainspirowany
Keramik	Ceramiczny
Komplex	Kompleks
Original	Oryginał
Persönlich	Osobisty
Poesie	Poezja
Porträtieren	Przedstawiać
Schaffen	Stwórz
Skulptur	Rzeźba
Stimmung	Nastrój
Surrealismus	Surrealizm
Symbol	Symbol
Visuell	Wizualny
Zusammensetzung	Kompozycja

Küche
Kuchnia

Essen	Żywność
Essstäbchen	Pałeczki
Gabeln	Widelce
Gefrierschrank	Zamrażarka
Gewürze	Przyprawy
Grill	Grill
Kelle	Chochla
Krug	Dzbanek
Kühlschrank	Lodówka
Löffel	Łyżki
Messer	Noże
Ofen	Piekarnik
Rezept	Przepis
Schürze	Fartuch
Schüssel	Miska
Schwamm	Gąbka
Serviette	Serwetka
Tassen	Kubki
Wasserkocher	Czajnik

Landschaften

Krajobrazy

Berg	Góra
Eisberg	Góra Lodowa
Fluss	Rzeka
Geysir	Gejzer
Gletscher	Lodowiec
Golf	Zatoka
Halbinsel	Półwysep
Höhle	Jaskinia
Hügel	Wzgórze
Insel	Wyspa
Meer	Morze
Oase	Oaza
See	Jezioro
Strand	Plaża
Sumpf	Bagno
Tal	Dolina
Tundra	Tundra
Vulkan	Wulkan
Wasserfall	Wodospad
Wüste	Pustynia

Länder #1

Kraje # 1

Ägypten	Egipt
Brasilien	Brazylia
Deutschland	Niemcy
Finnland	Finlandia
Indien	Indie
Irak	Irak
Israel	Izrael
Italien	Włochy
Kambodscha	Kambodża
Kanada	Kanada
Lettland	Łotwa
Mali	Mali
Nicaragua	Nikaragua
Norwegen	Norwegia
Polen	Polska
Rumänien	Rumunia
Senegal	Senegal
Spanien	Hiszpania
Venezuela	Wenezuela
Vietnam	Wietnam

Länder #2

Kraje # 2

Albanien	Albania
Äthiopien	Etiopia
Frankreich	Francja
Griechenland	Grecja
Haiti	Haiti
Irland	Irlandia
Jamaika	Jamajka
Japan	Japonia
Kenia	Kenia
Laos	Laos
Liberia	Liberia
Mexiko	Meksyk
Nepal	Nepal
Nigeria	Nigeria
Pakistan	Pakistan
Russland	Rosja
Sudan	Sudan
Syrien	Syria
Uganda	Uganda
Ukraine	Ukraina

Literatur

Literatura

Analogie	Analogia
Analyse	Analiza
Anekdote	Anegdota
Autor	Autor
Beschreibung	Opis
Biographie	Biografia
Dialog	Dialog
Erzähler	Narrator
Fiktion	Fikcja
Gedicht	Wiersz
Metapher	Metafora
Poetisch	Poetycki
Reim	Rym
Rhythmus	Rytm
Roman	Powieść
Schlussfolgerung	Wniosek
Stil	Styl
Thema	Temat
Tragödie	Tragedia
Vergleich	Porównanie

Mathematik

Matematyka

Arithmetik	Arytmetyka
Bruchteil	Frakcja
Dezimal	Dziesiętny
Dreieck	Trójkąt
Durchmesser	Średnica
Exponent	Wykładnik
Geometrie	Geometria
Gleichung	Równanie
Parallel	Równoległy
Parallelogramm	Równoległobok
Polygon	Wielokąt
Quadrat	Kwadrat
Radius	Promień
Rechteck	Prostokąt
Senkrecht	Prostopadły
Summe	Suma
Symmetrie	Symetria
Umfang	Obwód
Volumen	Objętość
Winkel	Kąty

Meditation

Medytacja

Annahme	Przyjęcie
Atmung	Oddechowy
Aufmerksamkeit	Uwaga
Bewegung	Ruch
Dankbarkeit	Wdzięczność
Freundlichkeit	Życzliwość
Frieden	Pokój
Gedanken	Myśli
Geistig	Psychiczny
Glück	Szczęście
Klarheit	Przejrzystość
Lehre	Nauki
Mitgefühl	Współczucie
Musik	Muzyka
Natur	Natura
Perspektive	Perspektywa
Ruhig	Spokój
Stille	Cisza
Verstand	Umysł
Wach	Obudzić

Menschlicher Körper
Ciało Ludzkie

Bein	Noga
Blut	Krew
Ellbogen	Łokieć
Finger	Palec
Gehirn	Mózg
Gesicht	Twarz
Hals	Szyja
Hand	Ręka
Haut	Skóra
Herz	Serce
Kiefer	Szczęka
Kinn	Podbródek
Knie	Kolano
Knöchel	Kostka
Kopf	Głowa
Mund	Usta
Nase	Nos
Ohr	Ucho
Schulter	Ramię
Zunge	Język

Messungen
Pomiary

Breite	Szerokość
Byte	Bajt
Dezimal	Dziesiętny
Gewicht	Waga
Grad	Stopień
Gramm	Gram
Höhe	Wysokość
Kilogramm	Kilogram
Kilometer	Kilometr
Länge	Długość
Liter	Litr
Masse	Masa
Meter	Metr
Minute	Minuta
Tiefe	Głębokość
Tonne	Tona
Unze	Uncja
Volumen	Objętość
Zentimeter	Centymetr
Zoll	Cal

Mode
Moda

Anspruchsvoll	Wyrafinowany
Bescheiden	Skromny
Boutique	Butik
Einfach	Prosty
Elegant	Elegancki
Erschwinglich	Niedrogie
Kleidung	Odzież
Komfortabel	Wygodny
Modern	Nowoczesny
Muster	Wzór
Original	Oryginał
Praktisch	Praktyczny
Spitze	Koronki
Stickerei	Haft
Stil	Styl
Stoff	Tkanina
Tasten	Przyciski
Teuer	Drogi
Textur	Tekstura
Trend	Tendencja

Musik
Muzyka

Album	Album
Ballade	Ballada
Chor	Chór
Harmonie	Harmonia
Harmonisch	Harmoniczny
Improvisieren	Improwizować
Instrument	Instrument
Klassisch	Klasyczny
Lyrisch	Liryczny
Melodie	Melodia
Mikrofon	Mikrofon
Musical	Musical
Musiker	Muzyk
Oper	Opera
Poetisch	Poetycki
Rhythmisch	Rytmiczny
Rhythmus	Rytm
Sänger	Piosenkarz
Singen	Śpiewać
Tempo	Tempo

Musikinstrumente
Instrumenty Muzyczne

Banjo	Banjo
Cello	Wiolonczela
Fagott	Fagot
Flöte	Flet
Geige	Skrzypce
Gitarre	Gitara
Gong	Gong
Harfe	Harfa
Klarinette	Klarnet
Klavier	Pianino
Mandoline	Mandolina
Marimba	Marimba
Mundharmonika	Harmonijka
Oboe	Obój
Posaune	Puzon
Saxophon	Saksofon
Schlagzeug	Perkusja
Tamburin	Tamburyn
Trommel	Bęben
Trompete	Trąbka

Mythologie
Mitologia

Archetyp	Archetyp
Blitz	Piorun
Donner	Grzmot
Eifersucht	Zazdrość
Held	Bohater
Heldin	Bohaterka
Himmel	Niebo
Katastrophe	Katastrofa
Kreation	Kreacja
Kreatur	Stworzenie
Krieger	Wojownik
Kultur	Kultura
Labyrinth	Labirynt
Legende	Legenda
Magisch	Magiczny
Monster	Potwór
Rache	Zemsta
Stärke	Siła
Sterblich	Śmiertelny
Verhalten	Zachowanie

Natur
Przyroda

Arktis	Arktyczny
Berge	Góry
Bienen	Pszczoły
Dynamisch	Dynamiczny
Erosion	Erozja
Fluss	Rzeka
Friedlich	Spokojna
Gletscher	Lodowiec
Heiligtum	Sanktuarium
Heiter	Spokojny
Laub	Liści
Lebenswichtig	Istotne
Nebel	Mgła
Schönheit	Piękno
Schutz	Schronienie
Tiere	Zwierząt
Tropisch	Tropikalny
Wald	Las
Wild	Dziki
Wüste	Pustynia

Obst
Owoce

Ananas	Ananas
Apfel	Jabłko
Aprikose	Morela
Avocado	Awokado
Banane	Banan
Beere	Jagoda
Birne	Gruszka
Brombeere	Jeżyna
Himbeere	Malina
Kirsche	Wiśnia
Kiwi	Kiwi
Kokosnuss	Kokos
Melone	Melon
Nektarine	Nektaryna
Orange	Pomarańczowy
Papaya	Papaja
Pfirsich	Brzoskwinia
Pflaume	Śliwka
Traube	Winogrono
Zitrone	Cytryna

Ozean
Ocean

Aal	Węgorz
Auster	Ostryga
Boot	Łódź
Delfin	Delfin
Fisch	Ryba
Garnele	Krewetka
Gezeiten	Pływy
Hai	Rekin
Koralle	Koral
Krabbe	Krab
Krake	Ośmiornica
Qualle	Meduza
Riff	Rafa
Salz	Sól
Schildkröte	Żółw
Schwamm	Gąbka
Sturm	Burza
Thunfisch	Tuńczyk
Wal	Wieloryb
Wellen	Fale

Ökologie
Ekologia

Art	Gatunek
Berge	Góry
Dürre	Susza
Fauna	Fauna
Flora	Flora
Freiwillige	Wolontariusze
Gemeinschaft	Społeczności
Global	Światowy
Klima	Klimat
Lebensraum	Siedlisko
Marine	Morski
Nachhaltig	Zrównoważony
Natur	Natura
Natürlich	Naturalny
Pflanzen	Rośliny
Ressourcen	Zasoby
Sumpf	Bagno
Überleben	Przetrwanie
Vegetation	Roślinność
Vielfalt	Różnorodność

Pflanzen
Rośliny

Bambus	Bambus
Baum	Drzewo
Beere	Jagoda
Blume	Kwiat
Blütenblatt	Płatek
Bohne	Fasola
Botanik	Botanika
Busch	Krzak
Dünger	Nawóz
Efeu	Bluszcz
Flora	Flora
Garten	Ogród
Gras	Trawa
Kaktus	Kaktus
Kraut	Zioło
Laub	Liści
Moos	Mech
Vegetation	Roślinność
Wald	Las
Wurzel	Źródło

Philanthropie
Filantropia

Brauchen	Potrzeba
Ehrlichkeit	Uczciwość
Finanzieren	Finanse
Gemeinschaft	Społeczność
Geschichte	Historia
Global	Światowy
Grosszügigkeit	Hojność
Gruppen	Grupy
Jugend	Młodzież
Kinder	Dzieci
Kontakte	Łączność
Menschen	Ludzie
Menschheit	Ludzkość
Mission	Misja
Mittel	Fundusze
Nächstenliebe	Dobroczynność
Öffentlich	Publiczny
Programme	Programy
Spenden	Podarować
Ziele	Cele

Physik
Fizyka

Atom	Atom
Chaos	Chaos
Chemisch	Chemiczny
Dichte	Gęstość
Elektron	Elektron
Experiment	Eksperyment
Formel	Formuła
Frequenz	Częstotliwość
Gas	Gaz
Geschwindigkeit	Prędkość
Magnetismus	Magnetyzm
Masse	Masa
Mechanik	Mechanika
Molekül	Cząsteczka
Motor	Silnik
Nuklear	Jądrowy
Partikel	Cząstka
Relativität	Względność
Universal	Uniwersalny
Variable	Zmienna

Psychologie
Psychologia

Bewertung	Ocena
Bewusstlos	Nieprzytomny
Ego	Ego
Einflüsse	Wpływy
Gedanken	Myśli
Ideen	Pomysły
Kindheit	Dzieciństwo
Klinisch	Kliniczny
Kognition	Poznanie
Konflikt	Konflikt
Persönlichkeit	Osobowość
Problem	Problem
Sensation	Uczucie
Termin	Spotkanie
Therapie	Terapia
Träume	Marzenia
Unterbewusstsein	Podświadomy
Verhalten	Zachowanie
Wahrnehmung	Postrzeganie
Wirklichkeit	Rzeczywistość

Regierung
Rząd

Bezirk	Dzielnica
Demokratie	Demokracja
Denkmal	Pomnik
Diskussion	Dyskusja
Freiheit	Wolność
Friedlich	Spokojna
Führer	Lider
Gesetz	Prawo
Gleichheit	Równość
Justiziell	Sądowy
Nation	Naród
National	Krajowe
Politik	Polityka
Rechte	Prawa
Rede	Mowa
Staat	Stan
Symbol	Symbol
Unabhängigkeit	Niezależność
Verfassung	Konstytucja
Zivil	Cywilny

Restaurant #2
Restauracja # 2

Abendessen	Obiad
Eier	Jaja
Eis	Lód
Fisch	Ryba
Frucht	Owoc
Gabel	Widelec
Gemüse	Warzywa
Getränk	Napój
Gewürze	Przyprawy
Kellner	Kelner
Köstlich	Pyszny
Kuchen	Ciasto
Löffel	Łyżka
Nudeln	Makaron
Salat	Sałatka
Salz	Sól
Stuhl	Krzesło
Suppe	Zupa
Vorspeise	Przystawka
Wasser	Woda

Säugetiere
Ssaki

Affe	Małpa
Bär	Niedźwiedź
Biber	Bóbr
Elefant	Słoń
Fuchs	Lis
Giraffe	Żyrafa
Gorilla	Goryl
Hund	Pies
Känguru	Kangur
Kojote	Kojot
Löwe	Lew
Panther	Pantera
Pferd	Koń
Ratte	Szczur
Schaf	Owce
Stier	Byk
Tiger	Tygrys
Wal	Wieloryb
Wolf	Wilk
Zebra	Zebra

Schönheit
Piękno

Anmut	Łaska
Charme	Urok
Dienstleistungen	Usługi
Duft	Zapach
Elegant	Elegancki
Eleganz	Elegancja
Farbe	Kolor
Fotogen	Fotogeniczny
Glatt	Gładki
Haut	Skóra
Kosmetik	Kosmetyki
Lippenstift	Szminka
Locken	Loki
Öle	Oleje
Produkte	Produkty
Schere	Nożyczki
Shampoo	Szampon
Spiegel	Lustro
Stylist	Stylista
Wimperntusche	Tusz do Rzęs

Science Fiction
Fantastyka Naukowa

Bücher	Książki
Dystopie	Dystopia
Explosion	Wybuch
Extrem	Skrajny
Fantastisch	Fantastyczny
Feuer	Ogień
Futuristisch	Futurystyczny
Galaxie	Galaktyka
Geheimnisvoll	Tajemniczy
Illusion	Iluzja
Imaginär	Wyimaginowany
Kino	Kino
Orakel	Wyrocznia
Planet	Planeta
Realistisch	Realistyczny
Roboter	Roboty
Szenario	Scenariusz
Technologie	Technologia
Utopie	Utopia
Welt	Świat

Sport
Sport

Athlet	Atleta
Ausdauer	Wytrzymałość
Diät	Dieta
Ernährung	Odżywianie
Fähigkeit	Zdolność
Gesundheit	Zdrowie
Joggen	Jogging
Knochen	Kości
Körper	Ciało
Maximieren	Wyolbrzymiać
Metabolisch	Metaboliczne
Muskel	Mięśnie
Programm	Program
Radfahren	Kolarstwo
Schwimmen	Pływać
Sport	Sporty
Stärke	Siła
Tanzen	Taniec
Trainer	Trener
Ziel	Cel

Sport
Sporty

Athlet	Atleta
Baseball	Baseball
Basketball	Koszykówka
Bewegung	Ruch
Eishockey	Hokej
Fahrrad	Rower
Gewinner	Zwycięzca
Golf	Golf
Gymnasium	Gimnazjum
Gymnastik	Gimnastyka
Mannschaft	Zespół
Meisterschaft	Mistrzostwo
Schiedsrichter	Sędzia
Schwimmen	Pływać
Spiel	Gra
Spieler	Gracz
Stadion	Stadion
Tennis	Tenis
Trainer	Trener

Stadt
Miasto

Apotheke	Apteka
Bank	Bank
Bäckerei	Piekarnia
Bibliothek	Biblioteka
Blumenhändler	Kwiaciarz
Buchhandlung	Księgarnia
Flughafen	Lotnisko
Galerie	Galeria
Hotel	Hotel
Kino	Kino
Klinik	Klinika
Markt	Rynek
Museum	Muzeum
Restaurant	Restauracja
Schule	Szkoła
Stadion	Stadion
Supermarkt	Supermarket
Theater	Teatr
Universität	Uniwersytet
Zoo	Zoo

Tage und Monate
Dni i Miesiące

August	Sierpień
Dezember	Grudzień
Dienstag	Wtorek
Donnerstag	Czwartek
Februar	Luty
Freitag	Piątek
Jahr	Rok
Januar	Styczeń
Juli	Lipiec
Juni	Czerwiec
Kalender	Kalendarz
Mittwoch	Środa
Monat	Miesiąc
Montag	Poniedziałek
November	Listopad
Oktober	Październik
Samstag	Sobota
September	Wrzesień
Sonntag	Niedziela
Woche	Tydzień

Tanzen
Taniec

Akademie	Akademia
Anmut	Łaska
Ausdrucksvoll	Wyrazisty
Bewegung	Ruch
Choreographie	Choreografia
Emotion	Emocja
Freudig	Radosny
Haltung	Postawa
Klassisch	Klasyczny
Körper	Ciało
Kultur	Kultura
Kulturell	Kulturalny
Kunst	Sztuka
Musik	Muzyka
Partner	Partner
Probe	Próba
Rhythmus	Rytm
Springen	Skok
Traditionell	Tradycyjny
Visuell	Wizualny

Universum
Wszechświat

Asteroid	Asteroida
Astronom	Astronom
Astronomie	Astronomia
Atmosphäre	Atmosfera
Äon	Eon
Äquator	Równik
Dunkelheit	Ciemność
Galaxie	Galaktyka
Hemisphäre	Półkula
Himmel	Niebo
Himmlisch	Niebiański
Horizont	Horyzont
Kosmisch	Kosmiczny
Mond	Księżyc
Orbit	Orbita
Sichtbar	Widoczny
Solar	Słoneczny
Sonnenwende	Przesilenie
Teleskop	Teleskop
Tierkreis	Zodiak

Urlaub #2
Wakacje # 2

Ausländer	Cudzoziemiec
Ausländisch	Zagraniczny
Berge	Góry
Camping	Kemping
Flughafen	Lotnisko
Freizeit	Wypoczynek
Hotel	Hotel
Insel	Wyspa
Karte	Mapa
Meer	Morze
Pass	Paszport
Reise	Podróż
Restaurant	Restauracja
Strand	Plaża
Taxi	Taxi
Transport	Transport
Urlaub	Wakacje
Visum	Wiza
Zelt	Namiot
Zug	Pociąg

Vögel
Ptaki

Adler	Orzeł
Ei	Jajko
Ente	Kaczka
Eule	Sowa
Flamingo	Flaming
Gans	Gęś
Huhn	Kurczak
Krähe	Wrona
Kuckuck	Kukułka
Möwe	Mewa
Papagei	Papuga
Pelikan	Pelikan
Pfau	Paw
Pinguin	Pingwin
Rabe	Kruk
Reiher	Czapla
Schwan	Łabędź
Spatz	Wróbel
Storch	Bocian
Taube	Gołąb

Wandern
Turystyka Piesza

Berg	Góra
Camping	Kemping
Führer	Przewodniki
Gefahren	Zagrożenia
Gipfel	Szczyt
Karte	Mapa
Klima	Klimat
Klippe	Klif
Müde	Zmęczony
Natur	Natura
Orientierung	Orientacja
Schwer	Ciężki
Sonne	Słońce
Steine	Kamienie
Stiefel	Buty
Tiere	Zwierząt
Vorbereitung	Przygotowanie
Wasser	Woda
Wetter	Pogoda
Wild	Dziki

Wetter
Pogoda

Atmosphäre	Atmosfera
Blitz	Piorun
Brise	Bryza
Donner	Grzmot
Dürre	Susza
Eis	Lód
Himmel	Niebo
Hurrikan	Huragan
Klima	Klimat
Monsun	Monsun
Nebel	Mgła
Polar	Polarny
Regenbogen	Tęcza
Sturm	Burza
Temperatur	Temperatura
Tornado	Tornado
Trocken	Suchy
Tropisch	Tropikalny
Wind	Wiatr
Wolke	Chmura

Wissenschaft
Nauki Ścisłe

Atom	Atom
Chemisch	Chemiczny
Daten	Dane
Evolution	Ewolucja
Experiment	Eksperyment
Fossil	Skamieniałość
Hypothese	Hipoteza
Klima	Klimat
Labor	Laboratorium
Methode	Metoda
Mineralien	Minerały
Moleküle	Cząsteczki
Natur	Natura
Organismus	Organizm
Partikel	Cząstki
Pflanzen	Rośliny
Physik	Fizyka
Schwerkraft	Grawitacja
Tatsache	Fakt
Wissenschaftler	Naukowiec

Wissenschaftliche Disziplinen

Dyscypliny Naukowe

Anatomie	Anatomia
Archäologie	Archeologia
Astronomie	Astronomia
Biochemie	Biochemia
Biologie	Biologia
Botanik	Botanika
Chemie	Chemia
Geologie	Geologia
Immunologie	Immunologia
Kinesiologie	Kinezjologia
Mechanik	Mechanika
Meteorologie	Meteorologia
Mineralogie	Mineralogia
Neurologie	Neurologia
Ökologie	Ekologia
Physiologie	Fizjologia
Psychologie	Psychologia
Soziologie	Socjologia
Thermodynamik	Termodynamika
Zoologie	Zoologia

Zahlen

Liczby

Acht	Osiem
Achtzehn	Osiemnaście
Dezimal	Dziesiętny
Drei	Trzy
Dreizehn	Trzynaście
Eins	Jeden
Fünf	Pięć
Fünfzehn	Piętnaście
Neun	Dziewięć
Null	Zero
Sechs	Sześć
Sechzehn	Szesnaście
Sieben	Siedem
Siebzehn	Siedemnaście
Vier	Cztery
Vierzehn	Czternaście
Zehn	Dziesięć
Zwanzig	Dwadzieścia
Zwei	Dwa
Zwölf	Dwanaście

Zeit

Czas

Gestern	Wczoraj
Heute	Dzisiaj
Jahr	Rok
Jahrhundert	Stulecie
Jahrzehnt	Dekada
Jährlich	Roczne
Jetzt	Teraz
Kalender	Kalendarz
Minute	Minuta
Mittag	Południe
Monat	Miesiąc
Morgen	Rano
Nach	Po
Nacht	Noc
Stunde	Godzina
Tag	Dzień
Uhr	Zegar
Vor	Przed
Woche	Tydzień
Zukunft	Przyszłość

Zu Füllen

Do Wypełnienia

Becken	Basen
Box	Pudełko
Eimer	Wiadro
Fass	Beczka
Flasche	Butelka
Karton	Karton
Kiste	Skrzynia
Koffer	Walizka
Korb	Kosz
Krug	Słoik
Mappe	Folder
Paket	Pakiet
Rohr	Rura
Schiff	Naczynie
Schublade	Szuflada
Tablett	Taca
Tasche	Torba
Umschlag	Koperta
Vase	Wazon
Wanne	Wanna

Gratuliere

Sie haben es geschafft !!

Wir hoffen, dass euch dieses Buch genauso viel Spaß gemacht hat wie uns dessen Herstellung. Wir tun unser Bestes, um qualitativ hochwertige Spiele zu erfinden. Diese Rätsel sind auf eine clevere Art und Weise entworfen, damit sie aktiv lernen und daran Vergnügen finden.

Hat ihnen das Buch gefallen ?

Eine einfache Bitte

Unsere Bücher existieren dank der Rezensionen, die sie veröffentlichen. Können sie uns helfen indem sie jetzt eine Meinung hinterlassen ?

Hier ist ein kurzer Link, der Sie zu ihrer Bewertungsseite führt

BestBooksActivity.com/Rezension50

MONSTER HERAUSFÖRDERUNGEN !

Herausförderung 1

Bereit für ihr Bonusspiel? Wir verwenden sie ständig, aber sle sind nicht einfach zu finden. Es sind die Synonyme !

Notieren sie 5 Wörter, die sie in den untenstehenden Rätseln (Nummer 21, 36 und 76) entdeckt haben und versuchen sie für jedes Wort 2 Synonyme zu finden .

*Notieren sie 5 Wörter aus **Rätsel 21***

Wörter	Synonym 1	Synonym 2

*Notieren sie 5 Wörter aus **Rätsel 36***

Wörter	Synonym 1	Synonym 2

*Notieren sie 5 Wörter aus **Rätsel 76***

Wörter	Synonym 1	Synonym 2

Herausförderung 2

Jetzt, wo sie warm sind, notieren sie 5 Wörter, die sie in jedem der untenaufgeführten Rätseln entdeckt haben (Nummer 9, 17 und 25) und versuchen sie für jedes Wort 2 Antonyme zu finden. Wie viele davon können sie binnen 20 Minuten finden ?

*Notieren sie 5 Wörter aus **Rätsel 9***

Wörter	Antonym 1	Antonym 2

*Notieren sie 5 Wörter aus **Rätsel 17***

Wörter	Antonym 1	Antonym 2

*Notieren sie 5 Wörter aus **Rätsel 25***

Wörter	Antonym 1	Antonym 2

Herausförderung 3

Wunderbar, diese Monster Herausförderung  wird kein Problem für sie sein !

Bereit für die letzte Herausförderung? Wählen sie ihre 10 Lieblingswörter aus, die sie in einem Rätsel entdeckt haben und notieren sie sie unten.

1.	6.
2.	7.
3.	8.
4.	9.
5.	10.

Die Aufgabe besteht nun darin mit diesen Wörtern und in maximal sechs Sätzen einen Text herzustellen über eine Person, ein Tier oder ein Ort den sie lieben !

Tipp : sie können die letzten leeren Seiten dieses Buches als Entwurf verwenden

Ihr Schreiben :

NOTIZBUCH :

AUF BALDIGES WIEDERSEHEN !

Linguas Classics

www.ingramcontent.com/pod-product-compliance
Lightning Source LLC
Chambersburg PA
CBHW081713120626
46550CB00010B/3120
9798896700470